Sexualidad femenina

Ingrid M. Taylor

Editorial Anuket

Índice:

Capítulo 1
Sistema Genital Femenino

El aparato genital femenino es el conjunto de órganos y estructuras anatómicas que, en la mujer, son responsables de la producción de óvulos y hormonas sexuales femeninas y, en general, de todo el mecanismo de reproducción (desde el apareamiento hasta la maduración del feto).

Organización

Los anatomistas dividen los órganos y estructuras anatómicas del sistema reproductor femenino en dos categorías: los órganos y elementos genitales femeninos internos y los órganos y elementos genitales femeninos externos.

Los órganos y elementos genitales femeninos internos incluyen: la vagina, el cuello uterino, el útero, las trompas de Falopio y los ovarios.

Los órganos y elementos genitales femeninos externos, por otro lado, incluyen: los labios mayores, los labios menores, las glándulas de Bartolini, el montículo de Venus y el clítoris. En conjunto, todos estos elementos toman el nombre anatómico de vulva.

Vagina

La vagina es el canal fibromuscular que conecta el útero con el exterior. Para ser precisos, está en relación con el cuello uterino, que representa la parte más baja del útero.

Desde un punto de vista funcional, la vagina es la zona anatómica encargada de albergar los espermatozoides masculinos tras la eyaculación, con motivo de las relaciones sexuales.

El término "vagina" proviene del latín que significa "vaina" o "vaina de espada".

Útero

Representando el órgano más grande del sistema reproductivo femenino, el útero es un elemento anatómico en forma de pera cuyo propósito es albergar al feto durante su vida prenatal.

Anatómicamente, el útero es un órgano con un fuerte componente muscular, dotado de tres importantes ligamentos suspensorios, conocidos como: ligamento uterosacro, ligamento redondo y ligamento cardinal. En general, la función de los tres ligamentos es mantener el útero en su lugar y limitar su rango de movimiento.

Específicamente, el ligamento uterosacro sirve para evitar desplazamientos excesivos hacia arriba y hacia abajo del útero; el ligamento redondo sirve para evitar movimientos hacia atrás excesivos del útero;

finalmente, el ligamento cardinal sirve para evitar movimientos excesivos hacia adelante y hacia abajo del útero.

En el útero, los anatomistas reconocen dos partes: una superior, que toma el nombre del cuerpo y tiene la función de acoger al futuro niño por nacer, y una inferior, que es el mencionado cuello uterino.

Desde un punto de vista funcional, el útero:

• Proporciona protección mecánica y nutrientes al embrión, primero (desde la 1ª a la 8ª semana), y luego al feto (desde la 9ª semana hasta el parto).
• Elimina los productos de desecho, producidos por el futuro nonato, a lo largo de su vida prenatal.
• Asegura el parto del feto al final del embarazo. Esto es posible gracias al componente muscular que caracteriza al útero y que permite las llamadas contracciones.

Cuello uterino

El cuello uterino, también conocido como cérvix, es la porción estrecha y hueca que termina en el útero y lo conecta con la vagina.

El cuello uterino tiene forma cilíndrica o cónica. Por lo general, aproximadamente la mitad del cuello uterino es visible a simple vista, a través de la abertura externa de la vagina.

Trompas de Falopio

En número dos y simétricas, las trompas de Falopio son las estructuras anatómicas tubulares, que conectan los ovarios con el útero (precisamente con el cuerpo del útero).

De naturaleza predominantemente muscular, albergan y dirigen los óvulos liberados por los ovarios hacia el útero; además, si la concepción se produce cuando todavía hay un óvulo en su interior, aseguran el tránsito del óvulo fecundado desde donde reside hasta el útero.

En cada trompa de Falopio, los anatomistas reconocen 4 secciones o áreas:

• **El infundíbulo**. Es la región más cercana a los ovarios y en estrecha relación con las denominadas fimbrias. La fimbria es una franja de tejido, dotada de cilios, que facilita el movimiento de los óvulos hacia las trompas de Falopio.

• **La región ampular**. Con sus 6-7 centímetros de extensión, es la región más larga de las trompas de Falopio. Gracias a los cilios presentes en la pared interna, facilita el tránsito de los óvulos fecundados desde los ovarios hasta el útero.

• **La región ístmica**. Representa la porción más estrecha de las trompas de Falopio y normalmente mide entre 2 y 3 centímetros. Tiene un curso recto.

También está equipado con cilios, para el paso de óvulos o huevos fertilizados.

• **La región intramuros**. Región terminal de las trompas de Falopio, también es la sección más corta. Hace contacto con el útero, entrando en el miometrio (es decir, el músculo del útero).

A este nivel tiene lugar la llamada unión úterotubárica, es decir, la apertura de las trompas de Falopio a nivel del útero.

Las trompas de Falopio tienen varios sinónimos. Son, de hecho, también conocidos como: oviductos o trompetas uterinas.

Ovarios

Los ovarios (en singular ovario) son las gónadas femeninas.

En anatomía humana, el término gónadas se refiere a las glándulas que producen gametos, es decir, las células sexuales.

En número dos y de forma similar a un frijol, los ovarios cumplen dos funciones de suma importancia:

• Producen el óvulo (u ovocito), que es el gameto femenino.
Como se verá, durante aproximadamente la mitad del llamado ciclo menstrual, cada óvulo permanece en el ovario y sufre un proceso de maduración fundamental.

Al final de la fase de maduración, tiene lugar la llamada ovulación, es decir, la liberación del ovocito en las trompas de Falopio.

• Secretan las hormonas sexuales femeninas, estrógeno y progesterona, que juegan un papel fundamental en el desarrollo de los caracteres sexuales secundarios y en la reproducción.

Junto con el útero, los ovarios pueden considerarse legítimamente los órganos principales del sistema reproductivo femenino.

Monte de Venus

De forma triangular y con el vértice hacia abajo, el monte de Venus es una masa redondeada de tejido adiposo, situada en el pubis y limitada superiormente por el hipogastrio y lateralmente por los pliegues inguinales. En comparación con las otras estructuras de la vulva, domina los labios mayores.

Generalmente, la epidermis del monte de Venus es gruesa y tiene glándulas sebáceas y sudoríparas.

En la edad prepuberal, el monte de Venus es una región anatómica lampiña, es decir, desprovista de pelos; con el inicio de la pubertad y hasta el final de la misma comienza a cubrirse paulatinamente de pelo largo.

Labios mayores

Los labios mayores son dos evidentes pliegues cutáneos longitudinales, que se extienden hacia abajo y hacia atrás, comenzando desde el montículo de Venus hasta el perineo.

• Al nivel del monte de Venus, forman la llamada comisura vulvar anterior (en anatomía, la comisura identifica un punto de unión entre dos partes de una estructura).

• A nivel del perineo, exactamente a unos centímetros del ano, forman la denominada comisura vulvar inferior (horquilla vulvar).

Compuestos principalmente de tejido conjuntivo fibroelástico y rico en grasa, los dos labios mayores tienen cada uno dos caras: una lateral (externa) y otra medial (interna).

La cara medial de cada labio grande se une a la cara lateral del labio pequeño ipsilateral; en el punto de conexión, hay un surco conocido como surco interlabial.

En la mujer adulta, los labios mayores miden en promedio 7-8 centímetros de largo, 2-3 centímetros de ancho y 15-20 milímetros de grosor.

Más pigmentadas que otras partes del cuerpo, albergan glándulas sudoríparas y sebáceas, cuya secreción actúa como atracción sexual.

Con el inicio de la pubertad, los labios mayores comienzan a cubrirse de pelo: la zona precisa en la que crecen estos pelos es en la cara lateral (por lo tanto, la cara medial no tiene pelo).

Después de la menopausia, adelgazan, pierden gran parte del componente graso y se vuelven más delgados y flácidos.

La función de los labios mayores es ofrecer protección a los labios menores, al meato vaginal y al orificio uretral externo.

En los humanos, los labios mayores corresponden al escroto.

Labios pequeños

Los labios menores (o ninfas) son los dos delgados pliegues de piel rosada, que residen en el interior de los dos labios mayores (recordemos que el punto de separación entre el mayor y los labios menores es el llamado surco interlabial).

Comienzan justo debajo del clítoris: aquí dan lugar a dos estructuras particulares, conocidas como el frenillo del clítoris y la capucha (o prepucio) del clítoris.

Continuando hacia abajo, los labios menores tienden a adelgazarse hasta converger en los labios mayores y así desaparecer o hasta reincorporarse dando lugar al llamado frenillo de los labios menores.

Al igual que los labios mayores, tienen una cara externa (lateral) y una cara interna (medial).

Generalmente, el margen libre de los labios menores tiene una muesca algo irregular y flota libremente.

Con su cara interna delimitan una zona anatómica denominada vestíbulo vulvar.

En la mujer adulta, los labios menores miden 30-35 milímetros de largo, 10-15 milímetros de ancho y 4-5 milímetros de grosor.

Además de ser rosados, suelen tener un aspecto mucoso y húmedo; también son sin pelo.

La conformación de los labios menores varía de manera muy sensible de mujer a mujer y en función de las características raciales: por ejemplo, en algunas mujeres están casi ausentes, mientras que en otras están decididamente marcados.

Los labios menores carecen de glándulas sudoríparas, pero tienen una red bastante extensa de glándulas sebáceas (incluidos los gránulos de Fordyce).

Hasta que comienza la pubertad, los labios menores son de tamaño pequeño; con el advenimiento de la pubertad, comienzan a crecer gradualmente hasta alcanzar el tamaño adulto.

Constituidos por tejido fibroelástico y ricamente vascularizados, los labios menores tienen la función de proteger el orificio uretral y el meato vaginal. Además, parecen jugar un papel decisivo en la sensación de placer que experimenta una mujer durante las relaciones sexuales.

Glándulas de Bartolino

Las glándulas de Bartolino, o glándulas vestibulares mayores, son dos glándulas de gran tamaño situadas en la parte inferior de los labios mayores, junto al meato vaginal.

El conducto excretor de cada glándula de Bartolino fluye entre un pequeño labio y la abertura externa de la vagina.

La función de las glándulas de Bartolino es secretar un líquido viscoso, que sirve para la lubricación vaginal, durante la excitación sexual.

En las mujeres adultas, las glándulas de Bartolino pueden tener un tamaño comparable al de un guisante o una almendra.

Clítoris

El clítoris es un órgano eréctil, que tiene lugar:

•	En la parte anterior y superior de la vulva, en la unión de los labios menores.
•	Justo encima de la abertura externa de la uretra, que a su vez reside encima del meato vaginal.

Desde un punto de vista morfológico, el clítoris se parece a una Y: tiene, de hecho, dos porciones superiores oblicuas, llamadas raíces, y una única estructura proyectada hacia abajo, conocida como cuerpo del clítoris.

El cuerpo del clítoris termina en un extremo libre, hinchado y en forma de cono, al que los anatomistas llaman glande.

Otras dos peculiaridades anatómicas del cuerpo del clítoris, que merecen una mención especial, son: el llamado codo del clítoris (es un pliegue del cuerpo) y el llamado bastón del clítoris (es la zona entre el codo y el glande del clítoris).

El clítoris es rico en terminaciones nerviosas: estas terminaciones le confieren una sensibilidad extrema, tanto que es, desde el punto de vista del placer sexual, el elemento anatómico más importante del sistema genital femenino externo.

En los hombres, el clítoris corresponde, en parte, al pene (el pene también tiene otras funciones, mientras que parece que el clítoris está ligado únicamente al placer).

Curiosidad

La densa red de terminaciones nerviosas del clítoris hace que muchas mujeres lleguen al orgasmo con tan solo su manipulación.

Capítulo 2
Fisiología
del aparato sexual femenino

En este apartado nos centraremos en el ciclo menstrual y algunas de sus características.

¿Qué es el ciclo menstrual?

El ciclo menstrual es el período de tiempo en el que el sistema genital femenino produce un óvulo y prepara el útero para la eventual fecundación de este último.

Generalmente de unos 28 días de duración, el ciclo menstrual se repite continuamente desde la pubertad (10-12 años, edad del primer flujo menstrual o menarquia) hasta la menopausia (45-50 años).

Protagonistas fundamentales del ciclo menstrual, por el hecho de influir en los órganos y estructuras del sistema genital femenino, son las hormonas conocidas como: hormona folículo estimulante, hormona luteinizante, estrógenos y progesterona.

Fases del ciclo menstrual:

Hay dos formas de describir los momentos más destacados del ciclo menstrual, según nos refiramos al ovario o al útero.

Teniendo en cuenta el ovario (ciclo menstrual ovárico), las fases del ciclo menstrual son tres y consisten en:

- Fase folicular
- Fase ovulatoria (o fase de ovulación)
- Fase lútea

Fase folicular:

El cerebro libera la hormona estimulante del folículo (FSH), que, a través del torrente sanguíneo, llega a los ovarios y los estimula para producir una serie de ovocitos primitivos (o folículos ováricos).

De estos folículos, solo uno sobrevive y se convierte en el óvulo real, listo para la fertilización (si encuentra un espermatozoide).

La FSH también estimula la secreción de estrógenos: estos son esenciales para regular la producción de folículos. (Del 1 al 14 día).

Fase ovulatoria:

Este es el momento que coincide con la liberación del óvulo maduro en las trompas de Falopio.

La liberación del ovocito se produce tras la estimulación de la hormona luteinizante (LH).

En esta fase del ciclo menstrual, el cuello uterino produce grandes cantidades de mucosidad, que tiene como finalidad captar los espermatozoides del hombre, durante las relaciones sexuales. (Entre el día 14 y 15)

Fase lútea:

Es el momento en que el folículo ovárico se transforma en el llamado cuerpo lúteo.

La formación del cuerpo lúteo favorece la secreción de progesterona, al mismo tiempo que reduce la de FSH y LH.

Hacia el final de la fase lútea, el cuerpo lúteo tiende a retroceder progresivamente y los niveles de progesterona disminuyen.
Si el óvulo no se ha fecundado, la capa más superficial del útero (endometrio) se necrosa y se desprende. Esto inicia la menstruación. (Del día 16 al 28).

Capítulo 3
Deseo sexual femenino

Deseo masculino y femenino: ¿Cuáles son las diferencias?

El deseo se manifiesta de diferentes formas y momentos entre hombres y mujeres, muchas veces por motivos fisiológicos: descubrimos las principales diferencias y cómo superarlas.

Hay varios factores físicos y psicológicos que desencadenan el deseo sexual en cada uno de nosotros: estilo de vida, educación, hormonas, fantasías, sentimientos.

Hombres y mujeres tenemos deseos muy diferentes, pero, por eso mismo, llegar a un acuerdo es una experiencia apasionante, aunque no siempre inmediata.

El deseo es el motor de la sexualidad, y no es casualidad que cuando hablamos de "pérdida del deseo", la comprensión de la pareja se ve inevitablemente afectada y si se compromete el ámbito del sexo, obviamente también se compromete el relacional. Sin deseo, de hecho, una relación corre el riesgo de convertirse rápidamente en una amistad, o en un divorcio.

En la pareja es importante mantener vivo el deseo introduciendo novedades en la relación y en las relaciones sexuales. Podríamos inspirarnos por ejemplo en nuevas posturas referentes al kamasutra. A esto, sin embargo, debemos agregar que algo hace que el deseo entre el hombre y la mujer sea diferente.

Las diferencias

El deseo masculino suele corresponder a una pulsión, a una necesidad interior, mientras que el de la mujer en muchos casos pasa a ser inducido: por ejemplo, es provocado por la excitación del otro, por un contexto propicio distendido, pero también un poco ardiente.

Para regular el deseo, para ambos, está la testosterona: una hormona producida por los testículos en los hombres, por los ovarios en las mujeres y, en menor medida, por la corteza suprarrenal de ambos.

Aunque las mujeres tienen un índice de testosterona más bajo que los hombres, esto no implica un menor apetito sexual ya que el cuerpo femenino es mucho más sensible a la testosterona que el cuerpo masculino, y por lo tanto la diferencia se compensa fácilmente.

Otro elemento a tener en cuenta son los cambios hormonales, sin duda más comunes en las mujeres. Durante el ciclo menstrual estos influyen significativamente en la intensidad del deseo femenino que, en los días previos a la ovulación, registra un pico debido al aumento de estrógenos. Es por eso que nuestra libido está en su apogeo justo antes de la menstruación.

Por el contrario, después del parto debido a la mayor producción de prolactina, una hormona que disminuye el deseo, el deseo femenino cae significativamente.

¿Cuándo se manifiesta el deseo?

A la mayoría de los hombres les encanta tener sexo por la mañana, y no es casualidad que la tasa de testosterona en los hombres aumente en un 30 % con las primeras luces del día. Las mujeres, en cambio, necesitan sentirse relajadas para excitarse y por eso el momento en que su deseo se manifiesta con más fuerza es por la noche, una vez que los niños se han acostado y los problemas de la oficina se han olvidado.

También desde el punto de vista de las estaciones, el biorritmo tiene un impacto significativo en el deseo sexual. Las mujeres suelen manifestar más deseo con la llegada de la primavera, mientras que para los hombres el despertar se produce más tarde, hacia el inicio del verano.

¿Cómo armonizar los deseos?

Cuando tu pareja no tiene deseos, te sientes rechazada y no deseada. Para evitar que esto suceda, siempre deben tratar de comunicarse y confrontarse, sin tener miedo de expresar sus deseos y frustraciones.

Un punto de encuentro no es tan difícil de encontrar sin olvidar el viejo proverbio "el apetito viene con el comer" que sugiere que tal vez probando un poco al principio luego el deseo se despierta naturalmente al son de los mimos, las caricias y los juegos previos adecuados.

El deseo es el primer paso que nos acerca y está guiado por una mezcla de hormonas, intervención de los cinco sentidos y factores psicológicos. Su objetivo es garantizar la supervivencia de la especie, tanto de la nuestra como de muchos seres vivos, y por tanto llevarnos a tener relaciones sexuales.

Cómo funciona el deseo sexual femenino

El principal objetivo del deseo sexual es hacernos procrear, pero bien sabemos que tener hijos ya no puede ser considerado el único fin del sexo; de hecho, afortunadamente hay una mayor facilidad para tener relaciones sexuales por sí mismas, por placer, por amor, con la persona que amas o con parejas ocasionales. La aparición de la pastilla anticonceptiva en la década de los 70, le dio al sexo recreativo un gran impulso.

A nivel biológico, sin embargo, la finalidad de esta atracción por el otro sexo procede en todo caso de la necesidad de perpetuar la especie y los numerosos factores químicos y físicos son prueba de ello. Las hormonas juegan un papel importante en el deseo sexual, que tienen la capacidad de activar áreas particulares del cerebro, que a su vez estimulan nuestros genitales.

La fase inmediatamente posterior al deseo es de hecho la excitación: el canal vaginal se prepara dilatando, el flujo de sangre hacia el clítoris y los músculos pélvicos aumenta y se activa la lubricación. Esta fase se resuelve luego con el orgasmo, un fenómeno intrigante y en algunos aspectos complejo que aún se estudia en todas sus facetas.

Todo se activa en la mente a raíz de estímulos: pueden ser fantasías, sonidos (como la voz), olores, pero también caricias o estimulación genital. Nuestros sentidos, de hecho, se encuentran entre los protagonistas del deseo sexual: en las mujeres en particular, el olfato, el gusto y el tacto parecen tener más relevancia, mientras que en los hombres la vista y el oído tienen mucha más importancia.

¿Cuáles son las hormonas involucradas en el deseo sexual femenino? En primer lugar, la testosterona, una hormona andrógena que también tiene importantes funciones en la mujer. Es ella quien "burla" al cerebro y lo activa para generar todas las fases posteriores en cascada. En los hombres, esta hormona está siempre en circulación y en niveles mucho más altos que en las mujeres (hasta 100 veces más) y es capaz de activar áreas cerebrales responsables del deseo que son más grandes que las de las mujeres. En las mujeres, en cambio, la testosterona tiene una oscilación dictada por el ciclo menstrual, elemento que influye mucho en nuestro deseo y nuestra excitación. La otra hormona que participa en la implicación sexual es la oxitocina, una sustancia muy importante también para el parto y no por casualidad llamada la "hormona del amor": aumenta el deseo, pero sobre todo es responsable del orgasmo. Algunos estudios lo atribuyen a un papel en el apego de pareja y el vínculo madre-hijo.

Un deseo que va y viene: la relación con el ciclo

El deseo sexual femenino les debe mucho a las fluctuaciones hormonales que se dan durante el ciclo menstrual, esto se debe a que, a diferencia de los hombres, las mujeres son fértiles solo en determinados días del mes.

Con más estudios se ha visto que el deseo de la mujer se vuelve más intenso cerca de la ovulación, en particular entre el octavo y el 14° día del ciclo. En este período, de hecho, aumenta la cantidad de hormona luteinizante (LH), que se utiliza para estimular la ovulación. Luego, los ovarios producen testosterona, la hormona que, como hemos visto, es el interruptor que enciende las áreas del cerebro que nos advierten que algo nos atrae y que activa la excitación y la lubricación.

En esta fase del ciclo la mujer siente un mayor deseo y además el cuerpo está de alguna manera más preparado para tener relaciones sexuales, las cuales se estima tienen un 20% más de posibilidades de ser consumadas que el resto del mes. Una curiosidad: incluso la apariencia externa cambia en el período de fertilidad, la mujer no solo se siente más bella y atractiva, sino que sus formas se vuelven más marcadas, el rostro más dulce, los senos más definidos. Y el hombre, inconscientemente, percibe este cambio.

Cuando el deseo sexual decae

El deseo sexual femenino es pues cíclico, contrario al del hombre, pero regular. Sin embargo, puede suceder que factores externos o internos provoquen el colapso de la atracción y la excitación: las causas pueden ser muchas y van desde desequilibrios hormonales hasta problemas psicológicos. Hay descensos temporales en el deseo sexual, como los provocados por un estrés transitorio, pero también descensos que se originan por problemas reales de salud.

Una de las fases de la vida -completamente fisiológica- en la que el deseo tiende a disminuir es la menopausia, que bien sabemos es un estado en el que cesa la producción de hormonas para hacernos fértiles. Es precisamente por ello que el interés por el sexo en la menopausia puede sufrir una disminución e incluso dificultarse, por ejemplo, por una insuficiente lubricación íntima. Los problemas de tiroides también están muy relacionados con la sexualidad, nuevamente debido a que las hormonas no cumplen con su deber como deberían. Otras causas de la disminución del deseo pueden ser a causa de los adenomas (tumor no canceroso), por ejemplo, de la hipófisis o suprarrenales, que hacen que estas glándulas "se vuelvan locas" y la liberación de hormonas ya no sea regular. Ciertamente el alcohol y las drogas no son buenos, así como algunas drogas, capaces también de atenuar la respuesta sexual. A veces, los anticonceptivos hormonales afectan el deseo y la lubricación, paradójicamente buenos para algunas mujeres.

A veces, la excitación se ve frenada por el estrés, que hace circular hormonas (adrenalina y cortisol) que le dicen al cuerpo que no está listo para recibir una nueva vida en ese momento. Otro impedimento para el deseo sexual son los trastornos psicológicos como la depresión, capaces de quitar interés por todo lo que nos rodea, por lo tanto, también por el sexo.

Por último, no debe subestimarse la posible presencia de infecciones, como la "cándidiasis" o el "herpes genita"l, que pueden derivar en vaginitis y dispareunia, es decir, sentir dolor durante las relaciones sexuales. En algunos casos la inflamación puede llegar incluso a la anorgasmia, por eso siempre es bueno remontar lo que parece una pérdida momentánea del deseo y resolverlo en este caso con un tratamiento específico, por ejemplo, con la aplicación de un remedio local contra la vaginitis bacteriana y la vaginosis.

La implicación física es un aspecto muy importante para las mujeres de todas las edades y cuando falla puede generar pensamientos negativos, frustración y crisis en la relación. Una vez que se ha rastreado con un especialista la causa de la pérdida del deseo, es bueno tomar medidas para eliminarlo, porque puede ocultar problemas de salud graves. Si las fluctuaciones hormonales son irreversibles, como en la menopausia, o si a pesar del tratamiento persiste la dificultad para la penetración (que es lo que hace que el sexo sea reacio, por el dolor), es posible ayudarse con geles vaginales, capaces de restaurar la membrana mucosa y reducir la sequedad. Esto también es muy importante para evitar un círculo vicioso, donde la falta de excitación crea sequedad, que luego crea dolor y trauma que a menudo conducen a trastornos como la cistitis poscoital.

Todas las mujeres pueden tener orgasmos. Esto debe servir de preámbulo a todo lo que hay que saber: el orgasmo, entre banalidades y secretos, está al alcance de todos, sólo hay que saber dónde buscarlo.

Capítulo 4
El orgasmo

Cumbre. Clímax. Orgasmo. Independientemente de cómo lo llames, es y sigue siendo esa poderosísima reacción de placer, físico y mental, que, aunque sea por unos instantes, nos hace sentir como atravesados por la electricidad.

El orgasmo es aquello que está en el pico de la tensión sexual y que pertenece al sistema nervioso autónomo. Existe un verdadero esquema relativo a la sexualidad femenina estructurado en los años 60 por William H. Masters y Virginia E. Johnson, útil para describir, con una fría pero exhaustiva lista con viñetas, el camino para llegar al orgasmo.

- Excitación
- Meseta
- Orgasmo
- Resolución

El resultado de esta investigación fue luego publicado en la "Respuesta Sexual Humana" y durante muchos años representó una verdadera guía, simple y segura, sobre cómo llegar al clímax tan deseado. El problema con este esquema es que falta un componente fundamental: William H. Masters y Virginia E. Johnson en su útil breviario de hecho habían asumido, que el camino hacia el orgasmo no estaba influenciado por un componente que hoy se considera absolutamente fundamental, la esfera mental y psicológica.

Diez años después, fue la sexóloga Helen Singer Kaplan, quien insertó el deseo en la ecuación, decretando la existencia de un componente psicológico imprescindible para desencadenar esa bomba que se encendió en una mirada, y luego explotó en un orgasmo.

Cómo llegar al orgasmo

La primera fase, la de excitación, es fundamental para estimular el sistema nervioso autónomo, y es en esta fase que el cuerpo se prepara para las siguientes fases, empezando por la contracción muscular. El clítoris, por ejemplo, comienza a agrandarse y las mamas a hincharse, mientras que la vagina produce un líquido lubricante natural.

Las primeras sensaciones placenteras son inducidas por la estimulación del clítoris, a través del roce, se producirá entonces la meseta y por ende el ansiado orgasmo, que consistirá en el vértice del placer.

Además de las contracciones musculares, el cuerpo responderá de muchas otras formas a la excitación y, de hecho, aumentará la presión arterial y el ritmo cardíaco.

Freud argumentó que había una diferencia sustancial entre los dos tipos de orgasmo que puede alcanzar una mujer, el vaginal y el clitoriano. En cambio, el modelo estructurado posteriormente por Masters y Johnson establecía que no hay diferencia y que, efectivamente, estos dos orgasmos tenían el mismo origen, independientemente de la forma en que se alcance el clímax, dando las mismas sensaciones de placer, en respuesta a las mismas etapas de respuesta física. El otro detalle que se señaló es que una gran cantidad de mujeres logran el orgasmo clitoriano, mientras que solo una minoría logra tener un orgasmo vaginal.

Los beneficios del orgasmo

Es solo el punto culminante de la excitación sexual, pero lo bueno es que no termina ahí. Por si fuera poco, esta codiciada sensación, que dura unos segundos, también aporta numerosos beneficios para el cuerpo y la mente.

El orgasmo te hace más joven. Bueno, sí. Nos hace sentir vivas y también nos hace ver mejor. Así lo revela una investigación del psicólogo clínico David Weeks quien, tras realizar un estudio a más de tres mil personas, afirma que una vida sexual intensa (los orgasmos necesarios para obtener el mágico resultado son al menos 4 por semana) conduce a una existencia más joven.

Pero hay más, con el orgasmo, el hipotálamo libera oxitocina, la reconocida "hormona del amor", famosa por su capacidad para reducir el estrés, inducir optimismo, confianza y autoestima, y también reducir ciertos tipos de dolor, como dolores de cabeza y calambres.

Además, un buen orgasmo también ayuda a contrarrestar el insomnio y, aunque la típica somnolencia que se produce después del sexo se asocia más a los hombres, en realidad ambos sexos pueden beneficiarse de ello. De hecho, en ambos casos, las sustancias liberadas en el cerebro durante el orgasmo, como la oxitocina, también están vinculadas a la liberación de melatonina, útil para estimular la regularidad del sueño.

Por último, pero no menos importante, a medida que envejecemos, los orgasmos parecen aumentar, tanto en términos de calidad como de cantidad. Una investigación realizada por LELO ha establecido que el porcentaje de mujeres que dicen estar satisfechas con sus relaciones sexuales aumenta drásticamente con la edad, pasando incluso del 30% al 75% después de cumplir los 60 años.

Orgasmo Clitoridiano: Cómo Lograrlo y Diferencias con el Orgasmo Vaginal

Orgasmo del clítoris: ¿Qué es?

El orgasmo del clítoris coincide con el pico de placer que se deriva de la estimulación directa o indirecta del clítoris, como ya señalamos: un pequeño órgano eréctil situado delante del vestíbulo vulvar, en la unión de los labios menores.

El clítoris es un órgano muy receptivo y tiene una estructura anatómica más compleja y más grande de lo que generalmente tendemos a pensar. Lo que comúnmente se denomina el "clítoris" es, en realidad, el "glande del clítoris", su parte externa, protegida por el capuchón del clítoris, donde se encuentran unas 8.000 terminaciones nerviosas, sensibles al tacto y la presión. Una vez en el cerebro, la información transmitida por estas terminaciones se decodifica como placentera o dolorosa.

Por esta particular sensibilidad y reactividad sexual, la estimulación del clítoris requiere atención y cuidado de quien sea que la practique (ellas mismas o una pareja).

Aunque no parezca tan obvio, el clítoris se hincha de excitación, agrandándose levemente, muy similar a los cuerpos cavernosos del pene.

La estimulación del clítoris contribuye significativamente:

• Al placer femenino.
• La probabilidad de que las mujeres tengan un orgasmo frente a la penetración sola.

No solo eso: durante el coito con penetración, el 70% de las mujeres alcanzan el orgasmo más fácilmente si además reciben estimulación directa o indirecta del clítoris.

Aunque es posible despertar el orgasmo desde otras partes del cuerpo -punto G y pezones incluidos- estas premisas hacen del clítoris la zona erógena más confiable.

Orgasmo por estimulación directa del clítoris

La estimulación directa se consigue tocando el clítoris con la palma de la mano o con los dedos. El mismo objetivo se puede perseguir con otras acciones: frotamiento del cuerpo de la pareja, posturas sexuales, juguetes sexuales específicos, etc. El clítoris también se puede estimular con la boca, los labios y la lengua durante el sexo oral (cunnilingus).

Sea cual sea el método, es recomendable experimentar con diferentes presiones, movimientos y velocidades en la estimulación del clítoris, para entender qué es (subjetivamente) más placentero.

Orgasmo por estimulación indirecta del clítoris

Por estimulación indirecta entendemos la fricción o tracción mecánica que ejerce la penetración vaginal sobre el clítoris. Mejor aún: durante las relaciones sexuales, los labios mayores y los labios menores se estiran y se mueven según las posiciones asumidas y los movimientos practicados junto con la pareja.

De ello se deduce que incluso cuando el clítoris no se estimula activamente, todavía está involucrado indirectamente.

Cómo encontrar el punto C

"El punto C" es simplemente otro término usado en la jerga para indicar el clítoris, una parte del cual pertenece a las estructuras externas del sistema genital femenino.

Como se sabe, el complejo del clítoris incluye mucho más de lo que se ve a simple vista y se desarrolla principalmente hacia adentro con:

- Una "cabeza" externa: el glande
- Un cuerpo interno
- Dos raíces que se extienden -siempre hacia adentro- a ambos lados de la vulva.

El clítoris ha permanecido como un misterio durante siglos: gracias al advenimiento de las tecnologías de imagen, se comprende cuán único es este órgano por su complejidad.

¿Dónde se encuentra el clítoris?

El clítoris se encuentra en la parte superior y anterior de la vulva, en la unión de los labios menores. El clítoris se encuentra justo encima de la abertura de la uretra, que a su vez se ubica unos milímetros por delante del orificio de la vagina.

Parte externa (visible): papel en el orgasmo del clítoris

La parte exterior está formada por el glande, que está parcialmente cubierto por una funda protectora de cuero, llamada capuchón del clítoris o prepucio (análogo del prepucio masculino). Este bulto se encuentra en el ápice del complejo del clítoris y representa la parte más sensible del clítoris. Por lo general, hay un pequeño pliegue llamado cavidad prepucial entre el glande y el prepucio. El prepucio del clítoris se conecta con los labios menores, es decir, los labios internos de la vulva, por lo tanto: todo lo que mueve los labios estimula el clítoris. Entonces, como se anticipó, el glande en sí tiene más terminaciones nerviosas que cualquier otra parte del cuerpo femenino (o masculino).

Cuando se trata de tener un orgasmo del clítoris, la parte externa del clítoris es solo la "punta del iceberg".

La mayor parte del clítoris, alrededor de cuatro quintas partes, se encuentra en el interior. Toda la estructura tiene más o menos forma de Y, con dos mitades laterales oblicuas en forma de cono, llamadas raíces del clítoris (o bulbos del clítoris), colocadas "a horcajadas" en la entrada de la vagina. Las raíces convergen, en efecto, superiormente hacia el centro de la vulva, dando vida a una estructura cilíndrica única, denominada cuerpo del clítoris. Esta zona se estira por 2-3 centímetros antes de doblarse bruscamente hacia adelante formando el llamado codo o rodilla del clítoris; desde aquí va en sentido contrario, hacia atrás y hacia abajo.

Al ser estimulados, los bulbos se hinchan, "abrazando" la vagina y haciendo más placentera cada penetración.

Las estructuras del clítoris que rodean y se extienden a lo largo y dentro del cuerpo femenino pueden alcanzar una longitud total de 10 centímetros.

¿Para qué sirve el clítoris?

En cuanto a su función, este órgano parece estar exclusivamente dedicado a lograr el clímax femenino y la satisfacción sexual.

Diferencias entre el orgasmo vaginal y el del clítoris

La naturaleza del orgasmo femenino ha sido fuente de debate científico, sociológico y cultural durante más de un siglo.

Antes de continuar es importante hacer una premisa fundamental, para que el argumento del orgasmo clitorial no sea engañoso: SOLO HAY UN TIPO DE ORGASMO.

Disipemos un mito sobre el orgasmo femenino

Durante mucho tiempo y por varias razones hemos oído hablar del orgasmo del clítoris y el orgasmo vaginal (u orgasmo del punto C en comparación con el del punto G) descritos como dos reacciones distintas. En realidad, desde un punto de vista fisiológico, no existe una diferencia esencial: la vagina y el clítoris están estrechamente interconectados y la penetración involucra siempre a ambos órganos.

En otras palabras, tampoco el orgasmo es un fenómeno aislado. La estimulación del clítoris a menudo recluta otras partes de los genitales femeninos y, de manera similar, la estimulación de la vagina durante el coito estimula indirectamente el clítoris.

También hay que considerar que el orgasmo es una reacción neuromuscular involuntaria que activa la misma zona del cerebro, denominada corteza somato-sensorial primaria, sea cual sea el "punto de partida" desde el que se desencadena el estímulo del placer.

Por tanto, los nuevos conocimientos sobre la fisiología del orgasmo femenino han proporcionado una base sólida para superar el debate, aunque todavía quedan muchos puntos por explorar.

Sigmund Freud, el padre del psicoanálisis, a principios del siglo XX popularizó la idea de que las mujeres maduras eran capaces de tener un orgasmo vaginal, mientras que las mujeres menos experimentadas (o inmaduras) lograban placer con la estimulación del clítoris. No había evidencia científica que respaldara el contraste de los dos orgasmos, tanto que, unos años después, admitió que la sexualidad femenina era mucho más compleja que cómo lo había descrito inicialmente. A pesar de la propia negación de esta teoría por parte del autor, se extendió hasta tal punto y quedó tan arraigada que la incapacidad para alcanzar el orgasmo a través de la penetración vaginal se consideró patológica hasta la década de 1980.

¿Es el orgasmo vaginal diferente del orgasmo del clítoris?

Las mujeres tienden a informar que los orgasmos causados por la estimulación del clítoris enfocada tienden a ser intensos y "localizados" (o, en cierto sentido, "concentrados"), mientras que los orgasmos que resultan principalmente de la estimulación vaginal producirían orgasmos que se perciben como más profundos" y poderosos. En ocasiones, para distinguir entre estos dos "tipos" de experiencias, hablamos de orgasmos "pico" y "onda", asociados al clítoris y al punto G respectivamente.

Helen Singer Kaplan, una sexóloga que jugó un papel crucial en la revolución sexual de la década de 1960, explicó que el orgasmo es prácticamente un reflejo. Como tal y como todos los demás reflejos, es posible distinguir:

• Una parte sensorial: en el orgasmo es la primera, representada por el estímulo inicial (el del clítoris, de hecho).

• Una parte motora: consiste en las contracciones rítmicas de los músculos perivaginales, es decir, situados alrededor de la vagina.

En el orgasmo, por tanto, están involucradas ambas estructuras: el clítoris para la parte sensorial y la vagina para la parte motora.

Incluso el modelo de respuesta sexual de William H. Masters y Virginia E. Johnson (los primeros que aplicaron el método científico al estudio de la sexualidad humana, a fines de la década de 1950 y principios de la de 1960) no mostró ninguna diferencia entre "orgasmo vaginal" y orgasmo del clítoris".

Al estudiar el ciclo de respuesta sexual de las mujeres a diferentes estímulos, Masters y Johnson observaron que los orgasmos vaginales y del clítoris tenían las mismas etapas de respuesta física y se dieron cuenta de que la mayoría de las mujeres solo podían alcanzar el orgasmo del clítoris, mientras que una minoría tenía un orgasmo vaginal.

Cómo se los reconoce

En el ciclo de respuesta sexual, el orgasmo implica una acumulación de tensión que alcanza su punto máximo, seguida de una repentina y placentera liberación de excitación. Es probable que la respiración y el ritmo cardíaco aumenten hasta que se alcance el orgasmo y se sienta una agradable sensación de congestión en la región genital. El orgasmo del clítoris está bien definido por una serie de contracciones rítmicas, similares a pulsos, de los músculos perivaginales que se asocian con un placer intenso y una sensación de plenitud.

Después del orgasmo (período refractario) suele producirse una sensación general de relajación, atribuida a la liberación de las neurormonas oxitocina y prolactina, así como de endorfinas (también conocidas como "morfina endógena").

¿Cuánto dura un orgasmo del clítoris?

Un orgasmo del clítoris puede causar de 3 a 16 contracciones y puede durar de 10 a 30 segundos.

Cómo estimular el clítoris

Al estimular el clítoris, las preferencias pueden variar según el estado de excitación y las variaciones en la respuesta sexual.

Más precisamente, debe tenerse en cuenta que:

• En las primeras etapas, cuando el tejido eréctil aún no está completamente perfundido, el clítoris puede ser demasiado sensible para tocarlo directamente. Este momento es excelente, sin embargo, para explorar el área, presionando la capucha entre los dedos y ejerciendo movimientos circulares con presión creciente. A medida que aumenta la excitación, una estimulación más directa del glande puede intensificar la sensación.

• Paradójicamente, cuando la excitación alcanza niveles más altos, el glande puede volverse hipersensible, por lo que una estimulación del clítoris menos directa, ligera y suave suele ser más cómoda.

• Después del orgasmo del clítoris, éste sufre una especie de período refractario y tocarlo puede provocar una sensación de incomodidad (si no dolor) debido a la circulación sanguínea y la hinchazón. En cierto sentido, por lo tanto, el clítoris no siempre está "disponible" para el orgasmo y, en cada relación sexual, es más probable que se logre un número limitado de orgasmos solo con la estimulación del clítoris. Si se vuelve a alcanzar el orgasmo con la penetración, las molestias en el clítoris pueden aumentar.

En cualquier caso, no existe un método universal ni una técnica específica a adoptar para estimular el clítoris, sino que es necesario experimentar y comprender cuáles son las preferencias en un proceso continuo de descubrimiento y construcción (incluso mental) hasta llegar a la meta: equilibrio deseado para que la experiencia sea agradable.

Las mejores posiciones sexuales para el punto C.

Al igual que el punto G, el clítoris forma parte de un complejo de estructuras extremadamente sensibles, reactivas y dinámicas, así como en estrecha comunicación entre sí durante la actividad sexual.

Al mover el cuerpo durante el coito, aumenta el flujo a los genitales y el clítoris se hincha, por lo que puedes aprovechar el placer que se produce cuando los labios estimulan indirectamente el capuchón del clítoris. Girar las caderas durante la penetración ayuda a estimular indirectamente los bulbos del clítoris, sobrecargando esas sensaciones.

Las mejores posiciones sexuales para lograr el orgasmo clitoriano son aquellas que permiten la estimulación directa de la zona: misionero, amazona o cuchara (donde una o ambas pueden estimular el clítoris).

Los efectos de la estimulación podrían potenciarse centrándose simultáneamente en otras zonas erógenas femeninas, como los pezones o la vulva en su conjunto.

Orgasmo del clítoris: consejos y sugerencias

• Estimular el clítoris no significa presionar un "botón" de placer: a veces lleva al orgasmo, a veces no. La reacción a una estimulación sexual puede, de hecho, ser distinta en cada momento, sin olvidar que la consecución del orgasmo también depende de otros factores, que van más allá de los genitales.

• No todas las mujeres encontrarán satisfacción a través de la estimulación del clítoris; esto no significa que algo esté mal o que no funcione correctamente en el cuerpo. Al igual que otras zonas erógenas, las preferencias pueden variar de persona a persona. De hecho, no todos los orgasmos son iguales, por lo que no hay una forma correcta o incorrecta de lograrlos: la clave es sentirse cómoda y divertirse explorando.

Orgasmo Múltiple y Orgasmo Simultáneo

El orgasmo es una reacción fisiológica involuntaria extremadamente compleja que reconoce una cierta variabilidad en su expresión (es decir, pueden presentarse de manera diferente, en diferentes personas).

Lograr placer durante el coito (ya sea coital o masturbación) no se limita a un evento sexual o genital, sino que puede definirse mejor como un conjunto de procesos neuropsicológicos inducidos por diferentes formas de estimulación física, mental, emocional y ambiental. Por inusual que parezca, el orgasmo múltiple y el orgasmo simultáneo pueden ser algunas de las posibles manifestaciones del clímax sexual.

El orgasmo es la máxima expresión de la excitación sexual resultante de la estimulación psicológica y física de las zonas erógenas y los órganos sexuales.

Desde un punto de vista fisiológico, el orgasmo consiste en un conjunto de reacciones

neuromusculares involuntarias y de corta duración
que en el hombre desembocan en la eyaculación,
mientras que en la mujer implican una serie de
contracciones perivaginales rítmicas, profundas y
potentes.

También llamado acme o clímax, el orgasmo se
manifiesta como una poderosa sensación de placer
físico y mental, a menudo comparado con una
descarga eléctrica o una explosión, cn el punto álgido
de la tensión erótica acumulada durante la experiencia
sexual. Los orgasmos masculinos y femeninos están
controlados por el sistema nervioso involuntario (o
autónomo).

Orgasmos múltiples

Múltiples orgasmos consecutivos durante la misma
relación sexual

Los orgasmos múltiples son orgasmos que ocurren
consecutivamente, en cuestión de minutos, gracias a
una estimulación sexual continua o renovada.

Especialmente las mujeres pueden beneficiarse de esta
experiencia o más bien tienen el potencial de vivirla, si
el contexto es favorable y, sobre todo, si así lo desean:
en los hombres, el período refractario limita esta
posibilidad.

¿Qué es el período refractario?

El período refractario es la fase de la respuesta sexual
masculina en la que, después de un orgasmo, el cuerpo

no permite la posibilidad de continuar con la estimulación y haber experimentado otro. En otras palabras, físicamente no es posible que el hombre continúe con las relaciones sexuales y tenga un segundo orgasmo unos segundos después de haber tenido el primero, con eyaculación relativa. La duración de este "descanso" varía esencialmente según la edad, el estado de salud y los hábitos.

En la década de 1960, Masters y Johnson (los primeros en aplicar el método científico al estudio de la sexualidad humana) estimaron que entre el 14 y el 16 % de las mujeres tenían orgasmos múltiples.

Hay que tener en cuenta dos cosas:

1. Algunas mujeres tienen un período refractario más largo que el promedio o simplemente se vuelven demasiado sensibles para continuar el contacto sexual. Como resultado, es posible que no experimenten ni deseen orgasmos múltiples. Esto es completamente sano y normal.

2. Por otro lado, algunos hombres, particularmente los menores de 30 años, tienen periodos refractarios cortos y pueden tener orgasmos varias veces en cuestión de minutos. Esto también es saludable y normal.

Todas las mujeres son potencialmente "multiorgásmicas"

En el curso de sus estudios, Masters y Johnson señalaron que los hombres experimentan un período refractario después del orgasmo durante el cual no pueden volver a eyacular a corto plazo (duración variable de persona a persona y en función de las circunstancias); sólo después de superarlo podrán emprender una nueva relación sexual. En las mujeres, la fase de resolución no implica un período refractario: esto les permite alcanzar un nuevo orgasmo a poca distancia del anterior, en cualquier momento de la fase de resolución, si se someten a un estímulo sexual adecuado para prolongar el placer.

Tenga en cuenta: no experimentar un orgasmo múltiple depende de muchas variables. En cualquier caso, no tener un orgasmo tras otro durante las relaciones sexuales no te convierte en disfuncional y, por otro lado, tener varios orgasmos seguidos no significa ser más eficaz en la intimidad; si sucede, significa que la actitud y las condiciones son adecuadas para que ocurra el orgasmo múltiple en ese momento.

Qué hacer para tener orgasmos múltiples

El orgasmo múltiple se puede lograr tanto con el coito como con la masturbación.

Una indicación para intentar tener múltiples orgasmos consecutivos es mantener la fase de excitación para que siempre sea alta. En la práctica, si ya se ha alcanzado un primer orgasmo, la estimulación debe reanudarse pronto (o continuarse), posiblemente variando las posiciones, intensidades y modalidades.

Se produce un aumento progresivo de la tensión que produce el estímulo sexual hasta el nivel límite, más allá del cual es posible alcanzar la cumbre del placer. En esta fase, la congestión vascular de los genitales alcanza su punto máximo y permite la continuación de las relaciones sexuales. La meseta tiene una duración variable tanto entre diferentes individuos como en diferentes experiencias vividas por una misma persona. Si la estimulación que mantiene la tensión sexual se reduce o se interrumpe o interfieren desagradablemente, la meseta puede implicar la fase de resolución, pasando por alto el orgasmo.

Para lograr un orgasmo múltiple, es recomendable entender qué es lo que más excita, por lo que el consejo de tomarse el tiempo para conocer tu cuerpo siempre es válido. El punto más importante, sin embargo, es abordar esta experiencia con la mayor serenidad, sin expectativas ni actitudes de juicio hacia uno mismo.

A tener en cuenta: Intentar alcanzar orgasmos múltiples se correlaciona con el riesgo de sobreestimulación. En otras palabras, después de un orgasmo, la estimulación continua puede ser desagradable e incluso dolorosa porque los genitales se vuelven temporalmente hipersensibles.

Orgasmo múltiple: no debe confundirse con el orgasmo tántrico

Para que quede claro, en el orgasmo múltiple se alcanza el primer clímax, por lo que hay un breve período explícito en el que no estás teniendo un orgasmo y, para una estimulación continua o renovada, se produce otro clímax poco después. Esta consideración permite distinguir el orgasmo múltiple del tántrico.

Orgasmo simultáneo: ¿Qué es?

Por orgasmo simultáneo entendemos el logro del clímax sexual junto con la pareja, exactamente al mismo tiempo o con unos pocos momentos de diferencia.

De media, se ha estimado que una pareja alcanza el orgasmo en el mismo momento una vez cada tres relaciones sexuales.

Orgasmo simultáneo: no debe confundirse con el orgasmo mixto

A veces, las personas confunden el orgasmo simultáneo con el orgasmo mixto, que es cuando se provoca un orgasmo en dos zonas erógenas diferentes al mismo tiempo (por ejemplo, orgasmo del clítoris + orgasmo anal).

Lograr el orgasmo junto con tu pareja: desmitifiquemos un mito

El orgasmo simultáneo suele interpretarse como la máxima expresión de complicidad y comprensión. En realidad, es un concepto estereotipado, sustentado por poca base científica. La mayoría de las personas quieren llegar al orgasmo al mismo tiempo que su pareja, como siempre se ha representado en la televisión y en las películas, es decir, como el punto culminante de la experiencia sexual. Sin embargo, por mucho que algunas personas aprecien la sincronía del clímax, el orgasmo simultáneo no es un objetivo realista, especialmente cuando se considera el significado más amplio de la experiencia sexual.

¿Qué tan realmente alcanzable es un orgasmo simultáneo?

Si consideramos solo la fisiología del orgasmo, cabe señalar que las fases consecuentes del ciclo de respuesta sexual, que, en resumen, recordamos que son: 1) fase de excitación 2) meseta, 3) fase orgásmica y 4) resolución - Tienen tiempos diferentes en los hombres y las mujeres (nota: el tiempo que se tarda en llegar al orgasmo varía no solo entre géneros, sino incluso entre individuos).

Fijar la expectativa del orgasmo simultáneo como algo absolutamente necesario va más allá de experimentar la sexualidad como algo natural e instintivo. Al igual que el múltiple, enfrentarse rígidamente a esta experiencia puede ser frustrante, al igual que sentirse presionado a disminuir o acelerar el rendimiento apuntando al orgasmo como el objetivo final de las relaciones sexuales. Por el contrario, experimentar un orgasmo en momentos diferentes a los de tu pareja puede ser divertido y, al mismo tiempo, satisfactorio, ya que les permite explorar los ritmos naturales del otro y permite que cada uno absorba completamente la experiencia orgásmica. Solo como guía, aquellos que tardan más en llegar al orgasmo deben marcar el ritmo:

¿Cuánto dura una relación sexual satisfecha?

Entre los mitos y las exageraciones, es común escuchar que el sexo, desde la etapa de las caricias hasta el orgasmo, debe durar toda la noche (o sea varias horas). La verdad es diferente.

Las respuestas que dan los terapeutas que han entrevistado a miles de parejas, de definen los rangos de los tiempos de actividad sexual: "Adecuado: de 3 a 7 minutos" "Deseable: de siete a trece minutos" "Demasiado corto: de uno a dos minutos, y "Demasiado largo: de 10 a 30 minutos".

Capítulo 5
El "Punto G"

El punto G es una zona especialmente sensible de la pared anterior de la vagina. Para algunas mujeres, esta estructura representa una zona erógena y, cuando es estimulada, es responsable de una fuerte excitación sexual y parece contribuir a la consecución del orgasmo femenino.

De ahora en adelante, hay que decir que la existencia, posición y funciones del punto G son temas muy debatidos en la comunidad médico-científica.

¿Qué se entiende por punto G?

El punto G es una zona de alta sensibilidad erógena, situada en la pared anterior del canal vaginal, a pocos centímetros de la entrada.

Esta zona es conocida por sus peculiaridades orgásmicas: si es estimulada directamente por una presión intermitente -incluso independientemente de otras partes del sistema genital femenino- es capaz de provocar un placer sexual muy intenso, incluso repetido. Para algunas mujeres, la libido obtenida a través de la estimulación del punto G es más excitante que la del clítoris y el clímax parece ser responsable de una satisfacción más profunda.

¿Por qué recibe ese nombre?

El punto G también se conoce como el punto de Gräfenberg, llamado así por el ginecólogo alemán Ernst Gräfenberg a quien se le ha atribuido erróneamente la autoría del descubrimiento. De hecho, la investigación del médico se dedicó a la estimulación uretral y, en un artículo de 1950, el médico cuestionó el papel de la uretra femenina para alcanzar el orgasmo. Gräfenberg, por tanto, no describió ningún "punto vaginal sensible", pero afirmó que podía demostrarse la presencia de una zona erógena en la pared anterior de la vagina, a lo largo del trayecto de la uretra (más tarde identificada como esponja uretral).

Muchos siglos antes, al menos en la cultura oriental, parece que ya se conocía la presencia de una zona especialmente sensible en el cuerpo de la mujer que, además del clítoris, habría sido decisiva para la consecución del pleno placer sexual; esta zona se denominaba "punto solar" o "punto de placer".

En Occidente, en la segunda mitad del siglo XVII, el primer médico que habló del punto G fue el holandés Reigner de Graaf (para ser claros, aquel a quien debemos el descubrimiento del folículo ovárico, más tarde conocido como folículo de De Graaf). Sus tratados anatómicos sustentaban la existencia de una zona de alta sensibilidad erógena y particularmente activa, cerca de la vagina; estos textos nunca fueron encontrados, pero son citados por muchos colegas de la época.

El concepto del punto G real se convirtió en parte de la cultura popular alrededor de 1982, con la publicación

de "El punto G y otros descubrimientos recientes sobre
la sexualidad humana" de Alice Kahn Ladas, Beverly
Whipple y John D. Perry.

¿Existe o no existe?

En el campo médico-científico, el punto G sigue siendo
un tema de fuerte discusión. Aunque ha sido objeto de
extensas investigaciones y estudios desde la década de
1940, persiste el desacuerdo sobre la definición,
existencia y ubicación de esta estructura.

Resumiendo las diversas hipótesis a favor de la
existencia, hasta ahora se ha considerado el punto G:

• Una extensión del clítoris: algunos sexólogos
creen que el punto G puede corresponder a la parte
terminal de la estructura del clítoris, un pequeño
órgano eréctil ubicado frente al vestíbulo, en el punto
de unión de los labios menores. Apoyo de esta
hipótesis, también estuvieron Masters y Johnson,
célebres sexólogos estadounidenses que escribieron el
primer estudio en profundidad sobre la fisiología
sexual humana: su investigación sugería que los
orgasmos del punto G y del clítoris tenían el mismo
origen, de ahí la teoría de que las estructuras del
clítoris rodean y se extienden a lo largo y dentro de los
labios. Al estudiar el ciclo de respuesta sexual de la
mujer a diferentes estímulos, Masters y Johnson
observaron que la mayoría de los sujetos solo podían
alcanzar el orgasmo del clítoris, mientras que una
minoría tenía un orgasmo vaginal.

• Una parte de las glándulas de Skene: otros investigadores sostienen que esta estructura puede pertenecer a la esponja uretral, una almohadilla esponjosa de tejido ubicada en la parte inferior del área genital femenina. Colocado contra el hueso ilíaco y la pared vaginal, este tejido rodea la uretra y acoge las glándulas de Skene, consideradas las contrapartes ancestrales de la próstata masculina. Las similitudes se refieren a las estructuras examinadas por el microscopio electrónico y la composición de los fluidos secretados por los conductos de Skene durante la excitación femenina y por la glándula prostática masculina. Por esta razón, las glándulas de Skene también se conocen con el término "próstata femenina".

Se utilizaron principalmente dos métodos para definir y ubicar el punto G como un área sensible de la vagina:

• Niveles de excitación autoinformados durante la estimulación.
• Ultrasonido para identificar diferencias fisiológicas entre mujeres y cambios en la región del punto G durante la actividad sexual.

Teorías en contra

Igualmente, numerosas son las investigaciones médicas que avalan la inexistencia del punto G. En particular, la presencia -sobre la base de biopsias y otros métodos analíticos como las ecografías transvaginales- de una zona de la pared vaginal o un punto. Se excluye mayor inervación o densidad de terminaciones nerviosas.

Los defensores del punto G también han sido criticados por dar demasiada credibilidad a la evidencia anecdótica y los métodos de investigación cuestionables (por ejemplo, los estudios que produjeron evidencia positiva involucran muestras demasiado pequeñas de participantes).

Otros investigadores, sin embargo, consideran que la conexión hipotética entre las glándulas de Skene y el punto G es débil.

Opiniones intermedias

En 2009, el Journal of Sexual Medicine examinó las hipótesis a favor y en contra de la existencia del punto G y concluyó que se necesitan más pruebas para validar la presencia real de esta estructura.

Además del escepticismo generalizado entre ginecólogos, sexólogos y otros investigadores sobre la existencia del punto G, un equipo del King's College de Londres sugirió a finales de 2009 que su existencia es subjetiva.

En este sentido, parece que el punto G está presente solo en alrededor del 50% de las mujeres: a veces, puede que no dé su propia señal de sí mismo; en otras ocasiones, puede estar lo suficientemente desarrollado como para provocar orgasmos muy intensos.

En cualquier caso, sexólogos e investigadores recuerdan que no se debe considerar disfuncional a la mujer si no experimenta excitación y/o placer a través de la estimulación del punto G, subrayando que no percibir estas sensaciones es totalmente normal.

Recientemente, se ha especulado que el pico de placer experimentado por algunas mujeres puede depender de un área mucho más grande que un "punto". Esta zona del cuerpo femenino, denominada complejo clítoris-uretro-vaginal (CUV), estaría formada por distintos tejidos, músculos y glándulas, así como por todo el útero. En esencia, la zona CUV contribuiría de forma coral a la excitación y al orgasmo final.

Dónde se encuentra

Si suponemos que existe, el punto G debería estar ubicado en el espacio entre la pared vaginal anterior y la uretra (aproximadamente en la base de la vejiga). Esta región puede variar de mujer a mujer, lo que explica por qué a menudo puede ser difícil de detectar.

Coordenadas para encontrarlo

Para ser precisos, el punto G se encuentra en la pared anterior de la vagina, en su tercer tracto externo, a una profundidad que varía entre 5 y 8 cm en la entrada del canal, justo detrás de la sínfisis púbica.

Su función

La función del punto G aún no se comprende completamente.

Para algunas mujeres, estimular esta área resulta en un orgasmo vaginal más intenso que el que se logra presionando solo el clítoris. El clímax se puede lograr con estimulación manual directa (por ejemplo, con dos dedos), incluso independientemente de otras partes del sistema reproductivo femenino. Intentar estimular la zona a través de la penetración vaginal durante el coito, especialmente en la posición del misionero, es difícil debido al particular ángulo de penetración requerido.

Cómo estimular el punto G

En cuanto a la estimulación sexual del punto G, recuerda que el nivel de penetración vaginal es subjetivo, es decir, depende de la experiencia personal y no todas son sensibles y/o sienten placer en ese punto. Los efectos de la estimulación pueden potenciarse centrándose simultáneamente en otras zonas erógenas femeninas, como el clítoris o la vulva en su conjunto.

Juegos previos esenciales durante el acto

Tanto una fuente de ternura como de excitación, los juegos previos son un paso esencial en la preparación para el acto sexual. Siempre que se realicen bien para establecer un clima de confianza entre los socios.

1.   El beso

Solemos descuidarlo y percibirlo como una simple muestra de afecto ya que forma parte de nuestra vida diaria. Aun así, besar es probablemente el juego previo más dulce y erótico que existe, siempre que le des la importancia que se merece. "El beso es un acercamiento sexual íntimo que abre al deseo y la excitación. Puede ser lánguido, mordaz, penetrante", subraya Evelyne Dillenseger, sexóloga clínica, miembro de la Unión Nacional de Sexólogos Clínicos (SNSC).

2. Piel con piel

Nada como el contacto con la piel para subir la temperatura rápidamente. Se trata de un preliminar muy sencillo pero que promete sensaciones sin medida común. Al pegar nuestros cuerpos, nos invaden escalofríos y nos dejamos llevar por la ternura y sensualidad del momento. La cara, los senos, el torso, la cara interna de los muslos... ¡Todas las partes del cuerpo son sensibles piel con piel! "No dudes en descubrir el cuerpo de tu pareja masajeándolo, acariciándolo, oliéndolo", añade la especialista.

3. Las caricias eróticas

Tanto hombres como mujeres aprecian las caricias eróticas de cuerpo completo porque abren el apetito sexual de ambos. "Los besos y las caricias forman parte de la fase previa. Permiten que la pareja se conozca sexualmente. Este momento es propicio para la ternura, la sensualidad, la imaginación. Cada uno está atento a las necesidades del otro, a escuchar los propios sentimientos y los de su pareja. El deseo de uno conduce al deseo del otro para llegar al deseo final de penetración ", señala Evelyne Dillenseger.

4.   Felación y cunnilingus

Cuando se trata de juegos previos, la felación y el cunnilingus son grandes clásicos. Sin embargo, no es raro que estos actos se realicen mecánicamente y sin ningún deseo real. Sin embargo, esto no es agradable para nadie, todos deben permanecer atentos a sus sentimientos. "Estos dos preliminares no son obligatorios y pueden molestar a tu pareja. Todos deben poder permanecer libres para recibir y dar estas caricias buco-genitales", matiza la especialista.

5.   Estimulación anal

Aunque tabú en mujeres como en hombres, el ano sigue siendo una zona erógena muy importante que puede traer mucho placer durante el acto sexual. Pero ojo, "su estimulación requiere preparación para alcanzar un buen nivel de excitación, sin dolor", advierte la sexóloga. Por ello, es fundamental hablarlo previamente con su pareja para asegurarse de estar en la misma sintonía y tomar medidas para que este momento sea lo más placentero posible.

Consejos para un sexo oral exitoso

Durante los juegos previos, los hombres aprecian especialmente la felación. Pero, ¿cómo hacerlo bien? ¿Cómo llevar a tu pareja al orgasmo? 5 consejos para una felación exitosa.

1. Lubricar adecuadamente el pene para una felación exitosa

Acariciar el pene seco puede resultar doloroso para el hombre, de ahí la importancia de lubricarlo bien con saliva, con lametones desde la base del pene hasta la punta. Tenga mucho cuidado de poner el pene en contacto solo con los labios y la lengua, y no con los dientes, a riesgo de lastimarlo.

2. Estimular manualmente el pene para una buena mamada

La boca no es la única que trabaja. Mientras la lengua juega con la punta del glande, las manos pueden acariciar suavemente su base, los testículos, el perineo, la cara interna de los muslos, las nalgas, el torso, hasta el orgasmo.

3. Estimular el frenillo del prepucio para conseguir el orgasmo masculino

Al final del pene, el glande está cubierto por una piel delgada llamada prepucio. Durante la erección, el glande se retrae, la piel se retrae al nivel del freno del prepucio. Sin embargo, el frenillo del prepucio es particularmente erógeno para los hombres, y estimularlo con la lengua es orgásmico.

4. Estimular todas las zonas erógenas durante los juegos previos

Durante los juegos previos, ciertamente es necesario estimular el glande, la zona erógena entre todos, pero no descuidar las otras partes sensibles del cuerpo (testículos, perineo, torso, muslos), así como el intercambio de miradas traviesas.

5.   Garganta profunda durante la felación

Si la mujer lo desea, puede deslizar el pene de su pareja hasta el fondo de su garganta, siempre que sienta placer allí.

En términos de sexo, las cosas más complicadas no son necesariamente las mejores o las más placenteras... ¡A menudo es todo lo contrario!

Verá por otro lado que, sin necesariamente embarcarse en trucos inverosímiles y complicados o acrobacias que requieren un entrenamiento olímpico para ser realizado, hay posiciones mucho más simples que pueden permitirle, sin embargo, condimentar sus travesuras y variar los placeres, sin arriesgar terminar en el hospital.

Así que aquí hay 21 posiciones sexuales del Kama Sutra y de la imaginación afiebrada de algún amante, entre las que encontrará algunas alocadas y otras más tranquilas y placenteras. ¡Siga la guía!

1.   El misionero

El misionero es al sexo lo que Michel Jackson es al Pop, atemporal, clásico. Te acuestas boca arriba con las piernas separadas mientras tu pareja se para encima de ti. ¡Aquí, es él quien dirige el baile!

2.   El estilo perrito

Cuando surge la necesidad de que te abracen a lo
perrito, la mujer se pone a cuatro patas y le da la
espalda a su pareja. Este último se arrodilla detrás de
ella para penetrarla.

3.   El yunque

Una variante del misionero que proporciona
sensaciones igual de placenteras, si no más.... Si esta
última sigue siendo una de las posiciones más
practicadas en la cama, basta con levantar una pierna
o dejar que se vuelva aún más embriagadora. Este es
el caso del yunque donde la mujer está acostada boca
arriba con las piernas apoyadas en los hombros de su
pareja.

4.   Andrómaca

Si a los hombres les gusta tomar la iniciativa en la
cama, también apreciarán ver a una mujer iniciar el
debate. En esta posición, la mujer se sienta a
horcajadas sobre su pareja acostada boca arriba.

5.   La cerradura

Ya sea la mesa de su cocina, su lavadora o su oficina,
estos elementos aparentemente inocuos pueden ser el
escenario de su sexo más caliente. En la posición del
candado, Monsieur está de pie mientras Madame está
sentada sobre un soporte rigido (mesa, lavadora, etc.).
Esta última luego envuelve sus piernas alrededor de su
pareja para que solo el placer pueda interferir entre los
dos.

6.　La cuchara

Esta es sin duda una de las posiciones más románticas. No hay nada mejor para la mujer que sentir a su amado tomándola en sus brazos. La mujer está acostada de lado, de espaldas a su pareja. El hombre puede obtener una buena imagen de la espalda y las nalgas de ella. También es muy adecuado para el sexo anal, precisamente porque permite que las manos de él la ayuden con estímulos manuales.

7.　La reunión acalorada

Cuando no se cuenta con una cama disponible, a veces hay que saber improvisar. En esta posición, el hombre se sienta en una silla y la mujer en su regazo. Utiliza los pies o las manos sobre los muslos de su pareja para realizar movimientos de ida y vuelta.

8.　El pulpo

Acostada boca arriba, la mujer envuelve la pelvis de su pareja con sus piernas. Por su parte, el hombre tiene las manos libres para acariciar sus pezones.

9.　El jinete

El hombre se acuesta boca arriba y la mujer se sienta de espaldas a él. Sencillo y eficaz, realiza movimientos de adelante hacia atrás.

10.　Cunnilingus

Consistente en aplicar la boca a la vulva. Si no es estrictamente una posición, no hay duda de que un buen cunnilingus será capaz de impulsar a Madame al séptimo cielo. Muy clásico con la mujer tumbada boca arriba y el caballero trabajando entre sus muslos, o la dama de pie, o incluso a horcajadas sobre la cara de su pareja, sin olvidar el imprescindible 69 donde los dos tortolitos pueden ejercitar su arte del juego previo, las posibilidades son sin límites.

11. Andrómaca

Es una de las posiciones favoritas de las mujeres ya que les permite controlar el movimiento y dictar el ritmo. El hombre está acostado boca arriba, la mujer encima de él.

12. En el plan de trabajo

El hombre que recoge a la mujer, que la coloca sobre la encimera de la cocina. Una escena de película que hace fantasear a muchas parejas.

13. Sexo a distancia

El sexo telefónico es bastante común entre las parejas de larga distancia. Sin tocarse, la pareja puede llegar al orgasmo con solo el sonido de la voz. La buena comunicación es la clave del deseo y del éxito de esta fantasía.

14. De pie

De preferencia con la mujer de espaldas con las manos apoyadas en la pared. Una posición ligeramente diferente a las más utilizadas, pero muy sencilla y agradable. Con las manos de la mujer apoyadas en la pared, tiene más seguridad para levantar el trasero y que le acaricien los senos u otras partes. Esta posición no es agotadora para ninguno de los dos y tiene un panorama muy emocionante. Muchos la practican con los pies sobre el colchón y las manos de ella sobre la pared del respaldar.

15.   El 69

Esta famosa posición no necesita presentación. Da tanto placer a uno/a como a otro. Se trata de compartir.

16.   Bajo la ducha

¿Qué podría ser más sensual que hacer el amor en la ducha? Mojados de los pies a la cabeza, enjabonados, con la piel resbaladiza, la pareja redescubre el cuerpo del otro, pero sobre todo su piel, de la que limpiamos cada centímetro antes de concluir en la belleza.

17.   En el coche

El sexo en el auto suele ser algo que no planea, sucede en el momento. Un último beso de despedida y las cosas se salen de control, en el buen sentido.

18.   Los ocho grandes

Ambos sentados, envuelven sus piernas alrededor de la cintura de su pareja. Casi todas las partes del cuerpo están en contacto. Los rostros son cercanos y favorecen los besos sensuales.

19.   Cangrejo

En esta posición, la mujer se acuesta boca arriba con
las piernas dobladas a la altura del pecho, como si
estuviera abrazada, pero acostada. El hombre se
arrodilla ante ella para la penetración. Esta posición
permite una penetración profunda y miradas
constantemente excitantes. Una variante es que ella
eleve una pierna y apoye un pie en el hombro de él.

20.   La posición del barco borracho

Como un misionero, pero requiere flexibilidad. El
hombre puede sujetar los tobillos de su pareja y así
acceder a una penetración más profunda, aumentando
las sensaciones.

21.   La posición de natación de la rana.

La rana nadadora... Eso no suena muy halagador a
primera vista. Sin embargo, esta posición es una
buena alternativa al estilo perrito, ya que permite que
el hombre aproveche sus nalgas mientras que las
damas están acostadas boca abajo. También permite,
si el corazón, pero sobre todo el deseo se lo dice, que
su pareja le sostenga las manos detrás de la espalda.

Consideraciones finales

Independientemente de la existencia o no, de las
diversas interpretaciones y del deseo de explicar la
sexualidad femenina con un método científico, es
importante aclarar que:

• El punto G no es una parte diferenciada de la anatomía de los genitales femeninos, sino que forma parte de un complejo de estructuras extremadamente sensibles, reactivas y dinámicas, así como en estrecha comunicación entre sí durante la actividad sexual (clítoris, vagina, etc.)

• Buscar el punto G y estimularlo no significa intentar apretar un "botón" específico: la reacción a una estimulación sexual puede ser diferente en cada momento, sin dejar de lado que la consecución del placer también depende de otros factores, que van más allá de los genitales.

• No todas las mujeres encontrarán satisfacción a través de la estimulación del punto G y eso no significa que algo esté mal o que no funcione correctamente en el cuerpo. Al igual que otras zonas erógenas, las preferencias pueden variar de persona a persona. De hecho, no todos los orgasmos son iguales, por lo que no existe una forma correcta o incorrecta de lograr la satisfacción sexual.

Capítulo 6
Zonas erógenas

Hablemos de algunos mitos

El placer de la mujer sigue siendo un tema nebuloso, pero, poco a poco, se alzan voces y la ciencia avanza... un foco de atención en la realización sexual femenina.

Placer: entre mitos y realidades:

"El deseo masculino es más fuerte que el deseo femenino" ¡Falso! Todavía es un mito muy extendido, pero el hombre no tiene necesidades naturalmente más fuertes. Lo cierto es que, por lo general, el nivel de deseo sexual de un hombre es más constante tanto si es soltero como si tiene una relación. En las mujeres, el deseo puede variar más según las circunstancias. Puede, por ejemplo, casi desaparecer en ausencia de un compañero sin crear una carencia, luego explotar cuando encuentra a alguien.

Mejor un pene ancho que uno largo. ¡Cierto! Como la vagina mide sólo 12 centímetros de largo en promedio, un pene no necesita una longitud significativa para cumplir su función. Al ser demasiado grande, puede incluso causar dolor. Para el placer de la mujer, por lo general es preferible tener una pareja con un miembro grande, lo que permite una mejor estimulación de las paredes vaginales.

"La emoción amortigua el asco". El verdadero sexo ha sido considerado "sucio" durante mucho tiempo. Muchas prácticas todavía se describen a veces como repulsivas, degradantes o repugnantes. Sin embargo, parece que estos juicios hechos fríos no corresponden necesariamente a las sensaciones calientes. Los estudios muestran que, bajo el efecto de la excitación sexual, el asco se reduce tanto en hombres como en mujeres.

"El orgasmo simultáneo es el último placer de lograr". ¡Falso! Una pareja puede alcanzar el orgasmo simultáneo, y sin duda es una experiencia de placer muy intensa. Pero eso no significa que deba ser un fin en sí mismo. De lo contrario, esta búsqueda corre el riesgo de causar un estrés innecesario y contraproducente que puede impedir que ambos disfruten.

En gran parte olvidado por la investigación científica durante siglos, el placer de las mujeres ha sido relegado a un segundo plano, o incluso ignorado. Fue solo después de la Segunda Guerra Mundial que los investigadores realmente analizaron la cuestión. Hoy, el habla tiende a liberarse. Las mujeres reivindican la igualdad de sus derechos y por tanto también la elección de la sexualidad que desean tener.

Si la ciencia en esta área ahora ha progresado, quedan muchos mitos, falsas creencias e incógnitas. Los factores que influyen en el deseo de una mujer son múltiples y a veces todavía un tanto misteriosos. Sin duda, las hormonas juegan un papel, aunque a veces es difícil establecer exactamente cuál. Muchos otros parámetros entran en juego. Entre otras cosas, los factores relacionales, el hecho de tener confianza y lograr dejarse llevar, así como las vivencias personales que configuran nuestra relación con la sexualidad.

La importancia de la fantasía

Un fenómeno sutil y complejo, el orgasmo femenino es múltiple. Muy a menudo, es el resultado de una unión entre un estado de excitación mental y estimulación física. Por supuesto, el clítoris juega un papel muy importante. ¡Pero él no está solo! El cerebro es el órgano sexual más grande. Gracias a las fantasías podemos aumentar el placer y el deseo. Por ejemplo, algunas mujeres pueden llegar al orgasmo simplemente estimulando los pezones.

El punto G, esa famosa zona situada en la vagina que permitiría alcanzar un placer intenso, también ha alimentado una serie de mitos. Pero, ¿realmente existe? Las últimas investigaciones muestran que hay un área entre la pared de la vagina y la uretra que está particularmente bien vascularizada. En algunas mujeres, su estimulación puede conducir al orgasmo.

Detener la carrera para disfrutar

Tan placentero como es, el orgasmo no es un fin en sí mismo. Es una manifestación física, pero es posible sentir mucho placer sin acceder a él. En el imaginario colectivo corresponde a una suerte de fuegos artificiales, la cumbre de la sexualidad. La sociedad actual nos empuja a la actuación. Pero es muy importante no caer en la tiranía del placer y volverse esclavo de él. De hecho, una especie de presión del éxito a menudo se cierne sobre las relaciones sexuales y puede tener efectos nocivos. Sin embargo, la sexualidad no es una norma. Algunas personas pueden estar completamente satisfechas sexualmente sin orgasmos múltiples o sin orgasmos en absoluto. Por lo tanto, cada uno es libre de realizar exploraciones personales para identificar lo que los hace sentir bien.

Desafortunadamente, las relaciones sexuales a menudo se presentan solo como una penetración que debería conducir al orgasmo, si es posible simultáneamente. Pero esta es una visión reduccionista. De hecho, es raro acceder a él y esto a menudo genera presión dentro de la pareja. Además, es importante recordar que existen otras formas de sexualidad. Las caricias, la estimulación de zonas erógenas en otras partes del cuerpo o el intercambio oral de fantasías son tantas prácticas que pueden ser igual de satisfactorias.

¿Qué son las Zonas Erógenas?

Una zona erógena es una zona del cuerpo humano - como el cuello, los pezones y el ombligo- con una marcada sensibilidad, cuya estimulación externa está relacionada con una respuesta sexual.

Las zonas erógenas varían de individuo a individuo, tanto en términos de ubicación, como en los niveles de sensibilidad y placer que pueden inducir cuando son estimuladas: en resumen, lo que puede ser excitante para una persona puede no serlo para otra.

Anticipamos brevemente que la reactividad de las zonas erógenas depende básicamente de la gran cantidad de receptores sensoriales presentes en la piel y las mucosas, así como de las terminaciones nerviosas ubicadas en la profundidad de los tejidos musculares y conectivos.

Aunque en gran medida subjetivas, las áreas oral y anal (incluido el perineo), la mama y el área urogenital han sido reconocidas como "áreas de placer" comunes. Las zonas erógenas más comunes incluyen el pezón y la areola, el clítoris, el punto G, el pene y el ano. Otras áreas relevantes para su sensibilidad son los labios, el cuello, el cuero cabelludo, las orejas, la cara interna de los muslos, el abdomen y los pies.

¿Qué significa la Zona Erogénica?

El término "erógeno" proviene del griego érōs "amor" y -genes "nacer", por lo que literalmente significa "que genera amor" y se refiere a la propiedad de la zona en cuestión de proporcionar placer sexual.

Cómo trabajan

Las zonas erógenas están ubicadas en diferentes partes del organismo y están dotadas de una alta sensibilidad a los estímulos físicos directos, como los toques y presiones continuas y/o intermitentes.

Desde las zonas erógenas se puede generar una agradable reacción sexual en forma de relajación o excitación. Su estimulación también puede dar lugar a fantasías y pensamientos eróticos (nota: recordamos que estos últimos son componentes de la estimulación subjetiva o mental del modelo de respuesta sexual de Masters y Johnson).

Cabe señalar, sin embargo, que el placer percibido tras su solicitud es muy subjetivo, es decir, puede variar de un sujeto a otro y según circunstancias específicas (estado de ánimo de la pareja, capacidad de relajación, tipo de estimulación, etc.).

Zonas erógenas en el ciclo de respuesta sexual

Incluso cuando se estimulan independientemente de otras partes del sistema reproductivo masculino o femenino, las zonas erógenas pueden desencadenar la fase de excitación del ciclo de respuesta sexual, mantener la libido e inducir un placer intenso. Para algunas personas, las áreas de alta sensibilidad erógena pueden contribuir a lograr el orgasmo y, en algunos casos, pueden provocarlo.

¿Por qué algunas áreas son más erógenas que otras?

La sensibilidad de cada parte del cuerpo depende en gran medida de la densidad y tipo de terminaciones nerviosas ubicadas en esa región. Por ejemplo, los genitales masculinos y femeninos experimentan vasocongestión, lo que aumenta la cantidad de sangre que fluye hacia estas regiones, haciéndolas muy sensibles cuando están excitadas. Otras áreas como el antebrazo, la cabeza y el abdomen tienen menos terminaciones nerviosas, pero también pueden ser zonas erógenas potenciales para algunos, especialmente si se tocan ligera y suavemente durante los juegos previos.

Zonas Erogénicas y Teoría del Mapa Cerebral

Las zonas erógenas tienen propiedades de respuesta paradójica, ya que producen una reacción sexual a pesar de ser estimuladas por partes del cuerpo alejadas de los genitales.

Con el tiempo, la comunidad científica ha tratado de responder a la siguiente pregunta: ¿por qué hay ciertas áreas de nuestro cuerpo que, cuando se tocan suavemente, desencadenan la excitación, mientras que otras partes del cuerpo adyacentes no lo hacen? Por ejemplo, una mujer puede excitarse cuando le acarician el cuello o el lóbulo de la oreja, pero no la mejilla o la frente.

Una teoría interesante propuesta por el neurólogo Vilayanur S. Ramachandran (figura destacada en el campo de la neurociencia) a fines de la década de 1990 sostiene que la distribución de las zonas erógenas refleja la disposición de estas partes del cuerpo en la corteza somatosensorial o área sensorial primaria. Más concretamente, la hipótesis era que las zonas erógenas se situaban junto a las zonas genitales en uno de los numerosos "mapas" del cuerpo a nivel cerebral, y que tocar una parte de él provocaba una "excitación" en las secciones vecinas del mapa. Por ejemplo, en el mapa de la corteza somatosensorial primaria, los pies se

ubican junto a los genitales y, por ello, pueden
provocar una sensación erógena.

Tipos de zonas erógenas

Las zonas erógenas se pueden dividir en:

• **Específicas:** Están directamente asociadas a la
respuesta sexual. Las zonas erógenas específicas son:
labios, pezones, zonas de los genitales (en particular:
prepucio y coronilla del glande en el hombre, clítoris y
resto de la vulva en la mujer y zona perianal en ambos
sexos). Estas partes son particularmente reactivas a
los estímulos táctiles, debido a la cantidad de
receptores sensoriales presentes: las terminaciones
nerviosas tienen una mayor densidad y son más
superficiales que el resto de la superficie corporal.
Además, las zonas erógenas específicas estimulan un
estado de excitación generalizada en el cerebro.

• **Aespecíficas**: estas áreas tienen inervación y
características similares a las áreas no erógenas.
Algunos ejemplos son los lados y la parte posterior del
cuello, la parte interior de los brazos, las axilas y los
lados del pecho. Una intensa y continua estimulación
de las zonas erógenas no específicas puede amplificar
la respuesta sexual.

Las zonas erógenas también se pueden clasificar según
el tipo de respuesta sexual que generan:

• **Zonas erógenas primarias:** son básicamente los
genitales (vagina, clítoris, prepucio y glande), cuya

estimulación, aunque sea a corto plazo, provoca sensaciones de fuerte excitación, potenciando el placer sexual y contribuyendo globalmente al orgasmo.

• **Zonas erógenas secundarias:** son algunas zonas de la piel o de las mucosas cuya estimulación produce una excitación sexual. Sin embargo, las zonas erógenas secundarias no son indispensables para alcanzar el orgasmo. Ejemplos de zonas erógenas sccundarias son el pubis, los pezones y las nalgas.

• **Zonas erógenas potenciales:** son partes del cuerpo alejadas de los genitales capaces de producir una serie de sensaciones placenteras. Su estimulación puede reflejarse en las zonas erógenas primarias que conducen a la erección o lubricación de la vagina. Ejemplos son orejas, boca, pies y piernas.

Zonas erógenas femeninas:
• Zonas erógenas primarias
o Clítoris
o Vagina (punto G)
• Zonas erógenas secundarias
o Pubis
o Nalgas
o Labios grandes y pequeños
o Perineo
o Ano
o Areola de los senos y pezones

Punto A: Zona Erógena del Fórnix Vaginal Anterior

También conocida como zona AFE, A-Spot o Second G Spot, el punto A es una zona erógena femenina que, cuando se estimula, puede inducir una rápida lubricación vaginal y cuya estimulación continua puede resultar en un orgasmo particularmente intenso. La comunidad científica aún no ha tomado una posición definitiva respecto a la existencia o no del punto A, el cual, indicativamente, estaría ubicado en la entrada del fórnix vaginal anterior, en el punto más profundo de la pared anterior de la vagina, por encima del cuello uterino (en la práctica, donde la pared frontal comienza a curvarse hacia arriba). En cuanto a las propiedades erógenas, se ha planteado la hipótesis de que el punto A se encuentra en una zona de la vagina especialmente rica en terminaciones nerviosas. El fórnix vaginal anterior también estaría relacionado con otra zona erógena: la cavidad de Douglas, también conocida como pliegue recto-uterino (o plica).

Zonas erógenas masculinas
* Zonas erógenas primarias
o Glande
o Pene
* Zonas erógenas secundarias
o Escroto
o Ano
o Muslos internos
o pezones

Punto L

El punto L es la zona erógena masculina que es equivalente al punto G femenino. Al igual que este último, si se estimula desde el exterior, mediante presión en el perineo, o desde el interior, mediante un masaje prostático, el punto L parece conducir a un

orgasmo de mayor intensidad y duración que el
provocado por la estimulación sola del pene.

Otras zonas erógenas
* Labio
* Orejas
* Cuello / Nuca
* Clavícula
* Espalda baja
* Muslo interior
* Hueco detrás de las rodillas
* Abdomen bajo
* Pies (plantarlo, dedos de los pies ella)
* Muesca dentro del brazo (codo)
* axilas
* Palma de la mano
* Cuero cabelludo
* Interior de la muñeca

Besar aumenta los niveles de dopamina en el cerebro,
un neurotransmisor que estimula el deseo tanto en
hombres como en mujeres. Besar también estimula la
liberación de oxitocina, también conocida como la
"hormona del amor", debido a su papel en la regulación
del aspecto afectivo de las relaciones.

Como encontrar las zonas erógenas

La mejor forma de mapear tus zonas erógenas es
conocer tu cuerpo lo máximo posible y satisfacer tus
preferencias durante la experiencia, explorando los
modos de estimulación que te resulten más
placenteros. Como se anticipó, la estimulación de
algunas partes del cuerpo para algunas personas

desencadena una reacción agradable, para otras puede
ser incluso molesta.

Varios factores son cruciales para tener una
experiencia placentera al mapear las zonas erógenas:
la mentalidad en la que uno se encuentra en
situaciones sexuales juega un papel importante en la
capacidad de excitarse y dejarse llevar, así como, entre
parejas, se debe prestar atención a los estados de alma
mutuos y la estimulación física que se intercambia (por
ejemplo, toque ligero, presión, vibraciones, etc.).

Comprender dónde están las zonas erógenas de uno y
qué sensaciones son capaces de despertar es una parte
integral de la comunicación sexual saludable entre los
socios: poder hablar y explorar las zonas erógenas de
cada uno puede ayudar a construir una conexión
emocional más fuerte.

Una forma de descubrir las zonas erógenas propias y
las de tu pareja es a través de una técnica comúnmente
utilizada para la terapia sexual, conocida como
enfoque sensorial.

Concebido por Masters y Johnson en 1970, el enfoque
sensorial prevé que los socios emprendan, en un
contexto absolutamente distendido, una interacción
recíproca gradual, acariciando el cuerpo desnudo del
otro por turnos y al principio excluyendo los genitales.
Ambos miembros de la pareja pueden sentarse en una
posición cómoda, donde la espalda de uno de los
miembros de la pareja se coloca contra el pecho del
otro (es decir, un miembro de la pareja tiene las piernas
alrededor del otro): el que está delante se concentra en
su respiración, mientras que la persona que está

detrás explora la superficie del cuerpo, descubriendo qué zonas erógenas resultan más excitantes. Los socios luego intercambian y, a su vez, se dedican al cuerpo del otro sin presiones de ningún tipo o estrés. Para descubrir tus zonas erógenas y mapearlas, puedes tomarte el tiempo de explorar tu cuerpo por tu cuenta.

Eyaculación femenina

La eyaculación femenina es el mecanismo particular por el cual algunas mujeres, en el momento del orgasmo o justo antes, expulsan líquido por los conductos parauretrales.

Para segregar el mencionado líquido están las llamadas glándulas de Skene (o glándulas parauretrales), que, según los expertos del aparato genital femenino y masculino, equivalen a la próstata del hombre.

La eyaculación femenina siempre ha sido un tema muy debatido. Los estudios más recientes han demostrado que no se trata de un fenómeno ligado a la incontinencia urinaria y que el líquido emitido es una sustancia alcalina, que contiene PSA, PAP, trazas de glucosa yfructosa, pero no urea o creatinina.

A pesar de varios intentos de investigación, se desconoce la función biológica de la eyaculación femenina.

La eyaculación femenina es el acto por el cual algunas mujeres expulsan líquido por los conductos parauretrales, ya sea en el momento del orgasmo o justo antes.

Dos en número y comparables a pequeños canales, los conductos parauretrales residen en la vagina; precisamente, se ubican a derecha e izquierda de la abertura externa de la uretra, pero a un nivel ligeramente inferior.

Los conductos parauretrales están en conexión con las llamadas glándulas de Skene (o glándulas parauretrales), que representan el sitio de producción del líquido emitido (o eyaculado), con motivo de la eyaculación femenina.

¿Cuán común es?

La eyaculación femenina es un fenómeno que afecta solo a una minoría de mujeres de manera regular.

Su incidencia exacta en la población femenina es incierta. Lo más probable es que lo que subyace a esta incertidumbre sea el hecho de que las mujeres encuentran el tema vergonzoso y, a menudo, prefieren no responder.

Según un mito muy extendido, la eyaculación femenina implicaría la emisión de grandes cantidades de líquido.

La realidad de los hechos es bastante diferente y, según las investigaciones más recientes, el volumen de eyaculado emitido es generalmente comparable al de una taza de café.

Además, considerar posible la producción de mayores volúmenes choca con el pequeño tamaño de las glándulas de Skene y con el restringido espacio físico que tienen para almacenar el líquido.

Se desconoce la función biológica de la eyaculación femenina y el líquido resultante.

Un estudio científico publicado en 2009 intentó proponer un papel antimicrobiano para la defensa de las vías urinarias de las infecciones, pero los conocimientos posteriores sobre este tema no fueron muy convincentes.

Consecuencias en la vida de parejas

Según varias encuestas, la mayoría de las mujeres consideran que la eyaculación femenina es un fenómeno vergonzoso que puede perturbar su vida sexual.

Es curioso cómo esto tiende a chocar con lo que los hombres piensan al respecto: muchos sujetos masculinos ven en la eyaculación femenina de su pareja un testimonio de su virilidad y sus habilidades sexuales.

Capítulo 7
Juguetes sexuales para mujeres

Lejos de seguir siendo un tabú, los juguetes sexuales para mujeres ahora están muy difundidos y utilizados. La razón es sencilla: solos o en pareja, pueden ser una auténtica panacea para la intimidad y el bienestar sexual.
Lo importante, por supuesto, es elegir los adecuados.

¿Vibrador o consolador? ¿Masajeadores o bolas vaginales? Ahora hay muchos tipos de juguetes sexuales en el mercado. La primera regla es elegir en función del uso previsto: de hecho, algunos están diseñados para la estimulación del clítoris, otros para la estimulación vaginal. Y si las formas y tamaños están exclusivamente dentro de las preferencias personales, ya que se trata de productos que se utilizan en partes delicadas del cuerpo, la única recomendación es elegir juguetes sexuales seguros en materiales libres de sustancias tóxicas y lavables.

Los historiadores han encontrado objetos parecidos a penes hechos de piedra, hueso, marfil o incluso otros materiales en varios países. Se cree que el objeto se utilizó alrededor de 6.000 años antes de Cristo.

Hay un juguete sexual para cada persona o pareja. No importa si nunca has consumido o si ya eres un experto en el tema, el mercado de los sex shop siempre trae novedades para todos los gustos y bolsillos.

Las mujeres suelen estar más abiertas a los juguetes sexuales que los hombres. Si sientes que la relación se ha vuelto rutinaria, da el primer paso con juguetes más comunes.

Para comprar un juguete sexual hay que analizar algunos aspectos como el tamaño, la vibración, el material y otros. Abordaremos estos criterios a continuación:

¿Cuáles son los diferentes tipos de juguetes sexuales?

Clasificar los juguetes sexuales es casi una misión imposible, dada la gran variedad de este mercado. No obstante, para que os sea más fácil de entender, hemos decidido mostrar algunas opciones para los que están empezando y también para los que ya usan algunos tipos más atrevidos.

Principiante: Si apenas puedes hablar de sexo con tu pareja, debes ir rompiendo este tabú poco a poco. Los complementos más románticos quedan genial, y además animan la relación. Algunos ejemplos son: velas aromáticas, cenas afrodicíacas, gel lubricante con sabor, o incluso lencería más atrevida.

Intermedio: Ahora, si ya has pasado por los bloques anteriores, es hora de dar un paso adelante. ¿Qué tal empezar a usar vibradores? Otras opciones son los penes de goma, los dildos, los succionadores de clítoris, los anillos para el pene o los acostumbradores anales.

Avanzado: Una vez superados todos los tabúes, hay espacio para mucho atrevimiento en esta relación. Para los que ya utilizan muchos tipos de juguetes sexuales, la imaginación no tiene límites. Esposas, mordazas y látigos son buenas opciones para los amantes de este universo erótico de dominación. Aparte de esto, los juguetes sexuales anales también se pueden usar sin vergüenza.

¿Cuáles son los beneficios de usar juguetes sexuales solo o en pareja?

Además, por supuesto, de aumentar el placer durante la masturbación y en las relaciones, los juguetes sexuales te permiten explorar y aprender más sobre tu cuerpo y el de tu pareja. Son excelentes para descubrir los puntos erógenos y donde cada uno siente más placer al llegar al orgasmo, generalmente de forma más intensa.

Los juguetes sexuales abren un enorme universo de posibilidades cuando el tema es la fantasía, acabando con el aburrimiento en la cama para cualquiera. El límite solo está en la imaginación y puede salvar la relación de muchas parejas.

La mayoría son seguros e hipoalergénicos. Hay opciones para todos los bolsillos, necesidades y gustos. Finalmente, puede comprar con la confianza de que la mayoría de las tiendas en línea envían los juguetes en paquetes disfrazados.

¿Cómo usar los juguetes sexuales de forma segura?

Si nunca antes ha usado un juguete sexual, puede comenzar lentamente. La primera regla es seguir siempre las instrucciones del fabricante y respetar los límites del juguete para tu seguridad.

Otro punto importante es mantener siempre limpio el juguete. Esto previene la acumulación de bacterias e infecciones en las regiones genitales. Si el juguete es compartido, un gran consejo es usar condones en el accesorio, especialmente cuando es anal.

Si tiene alguna duda sobre el tamaño, debe comenzar lentamente. Compra un vibrador pequeño y actualízalo a tamaños más grandes. Esto reducirá cualquier molestia al principio.

Finalmente, un consejo valioso es usar un lubricante, incluso mejor si es a base de agua, y no escatimes. Mejora la relación y evita roces. Puedes usarlo tanto en el juguete como en tus genitales.

Criterios de compra

- Dimensión
- Material
- Vibración
- Batería
- Impermeable
- Dimensión

Primero, vale la pena recordar que el tamaño no importa. Hay pequeños juguetes sexuales que son capaces de proporcionar mucho placer.

Sin embargo, si estamos hablando de penes de goma o vibradores, sepa que hay opciones de varios tamaños que van desde pequeños hasta gigantes. Lo mismo ocurre con el grosor.

Comienza poco a poco. Y por supuesto, comprueba siempre la talla para que no te dejes engañar por la foto.

Material:
Los juguetes sexuales pueden estar hechos de muchos materiales diferentes. La silicona es la más común, pero también se puede encontrar en metal o en algunos plásticos. La silicona y el metal son los más seguros, uno bastante flexible y el otro rígido. En caso de compra en línea, donde no se siente el material, verifique si es hipoalergénico y tiene una descripción de tacto suave.

Vibración
No todos los juguetes sexuales tienen vibración. Si este es un criterio importante, asegúrese de que lo sea. Además, presta atención al número de velocidades y modos de vibración, ya que puede variar mucho.

Batería
Debe comprobar si el juguete funciona con pilas o es recargable. Si tiene batería, compruebe cuánto dura sin tener que recargarla. En el caso de las pilas, tenga siempre reservas para que el juguete no le defraude.

Impermeable

Por último, si le gusta usar el accesorio en la ducha, debe ser impermeable. Hay muchos juguetes sexuales que no se pueden mojar y se pueden dañar. Este criterio también facilita la limpieza.

Los juguetes más usados:

• **Cadena anal**

Se puede pensar en una cadena anal como una cinta o hilo largo al que se unen varias cuentas hechas de diferentes materiales. Este collar de perlas es especialmente adecuado para la inserción anal. Se recomienda quitarlos nuevamente durante el orgasmo si es posible.

• **Venda para los ojos**

Una venda para los ojos es muy clásica, fácil y manejable. Para ello, una mujer no necesita nada más que una tela cómoda, un pañuelo o una diadema; ¡No hay límites para la fantasía! Se puede utilizar para vendar los ojos de forma cómoda o apretada, según el gusto personal. ¡El poder mágico que la privación de la vista por sí sola puede tener sobre el placer personal y la fantasía sexual es impresionante!

• **Dildo (consolador)**

Detrás del dildo, probablemente el pionero más conocido de los juguetes sexuales, está la simple idea de representar el pene erecto de un hombre para que una mujer pueda llegar al clímax sin ningún apoyo masculino. Y lo mejor de todo: ¡tienes muchas opciones cuando se trata de estos artilugios! Vienen en todo tipo de tamaños y colores, con o sin adornos de diamantes o funciones de iluminación. Imprescindible entre los juguetes sexuales.

• **Pluma**

El deseo sexual se puede aumentar ya sea como un palo con pelusa de plumas o simplemente con una pluma (de escritura/pájaro). El suave toque en la piel estimula las terminaciones nerviosas, provoca piel de gallina en todo el cuerpo y evoca excitantes sensaciones de placer. Particularmente popular para los juegos previos, el toque ligero como una pluma no solo aumenta el placer físico sino también mental.

• **Mordaza**

La llamada mordaza ("mordaza en la boca") es una pelota o almohada unida a una cuerda que se coloca en la boca durante el juego sexual. Debe evitar que la boca se cierre. Esta bola de mordaza, o almohada de mordaza para una mordida más placentera, también es una herramienta útil para las mujeres a las que les gusta echar una mano y dejar que sus pensamientos divaguen en fantasías sexuales eróticas. En una situación u otra, también podría ser muy útil para reprimir un llanto placentero.

• **Esposas**

Uno de los juguetes sexuales más conocidos son las esposas, que utiliza la policía. Estos se utilizan tradicionalmente contra los delincuentes después de que se han cometido los delitos. En el juego sexual, esta asociación también puede estimular el deseo. Además, el rango de movimiento limitado puede desencadenar grandes estímulos y causar más movimiento en el área de la parte inferior del cuerpo.

Por lo general, las esposas para juegos sexuales vienen con un acolchado que no deja marcas en las muñecas.

• **Cinturón de castidad**

Este juguete sexual, que tiene un toque religioso por su nombre, es un instrumento para retirar parcialmente el propio autocontrol. ¡Al contrario de la idea convencional del sexo y la masturbación, se supone que este extraño cinturón evita la masturbación que en realidad es tan deseada! Suena ilógico, ¡pero no lo es! Porque este instrumento de castidad se trata particularmente de aumentar el placer mental. La construcción típica (cinturones de acero unidos a la cintura con una banda de acero a través de la entrepierna) suena bastante incómoda.

• **Bolas de amor o lujuria**

Estas bolas lujuriosas (bolas de geisha) vienen en todos los colores, formas y tamaños. La forma más conocida de bolas de placer consiste en una bola pequeña y otra más grande hechas de metal pesado. Estas están conectadas entre sí con un cordón corto y pueden insertarse en la vagina con la ayuda de un lubricante y empujarse hacia el cuello uterino. Las bolas pueden causar vibraciones placenteras en el interior al caminar. Sin embargo, las vibraciones generadas no suelen ser suficientes para llegar directamente al clímax. Las bolas se recomiendan para fortalecer el suelo pélvico, lo que puede conducir a un mayor placer durante las relaciones sexuales.

- **Abrazadera de pezón**

Las llamadas pinzas para pezones o succionadores de pezones demuestran que el juego sexual no tiene que ver solo con la estimulación directa de la vagina y que la sensación de placer también se puede generar y aumentar en otras partes del cuerp. Los primeros representan una especie de abrazadera que se puede sujetar a los pezones de forma bastante apretada o floja, según las preferencias personales. Esto debería crear la sensación de un pellizco delicado o incluso una intensa sensación de dolor. Un succionador de pezones, por otro lado, aspira el aire alrededor de la región del pezón y crea un vacío de aire agradable que hace que los pezones se hinchen y, por lo tanto, puede aumentar aún más la intensidad cuando se toca.

- **Bomba de vagina**

Un juguete sexual ciertamente algo irritante es la llamada bomba de vagina o de coño. Como sugiere el nombre, este es en realidad un tipo de dispositivo de bombeo que se supone que agranda los labios. Sin embargo, la máscara, que se coloca sobre toda el área de la vagina, se parece más a una máscara bucal y respiratoria de tiempos de guerra, que evoca disuasión en lugar de placer sexual.

- **Paleta de azotes**

El Spanking Paddle es un juguete plano de cuero para azotar el trasero de tu pareja (o el tuyo). Ya sea como un juego de rol o para aumentar su propia descarga de adrenalina, la paleta puede despertar las terminaciones nerviosas al azotar la piel desnuda y aumentar la excitación sexual, especialmente para los amantes del dolor. Cualquier persona a la que le gusten los juegos de rol puede practicarlo en solitario

para explorar las zonas más erógenas de su cuerpo a
su aire.

• **Vibrador**

El vibrador es probablemente el juguete sexual más
versátil. Este juguete que en su mayoría funciona con
baterías está diseñado para simular el pene erecto,
similar a un dildo, pero también está disponible como
complemento y, por lo tanto, no requiere penetración,
por ejemplo. Si le gustaría sentir más profundamente
la oscilación y vibración que genera un motor eléctrico,
también encontrará modelos un poco más grandes que
se pueden introducir en la vagina. El único punto de
crítica: la vibración en su mayoría rápidamente se
vuelve monótona o incluso puede conducir a una
sobreestimulación.

Entrenamiento del placer sexual

¿Cómo mejorar la relación? ¿Qué músculos se
utilizan?

El placer sexual se puede entrenar. Esto se debe a que,
entre los muchos músculos del cuerpo humano,
algunos intervienen activamente durante el coito.

Asegurar la funcionalidad de estos permite mejorar las
relaciones sexuales, especialmente en términos
cualitativos.

Veamos cuáles son los músculos más importantes a
entrenar para optimizar el placer sexual y cómo
reacondicionarlos de manera útil para este propósito.

- **Área del perineo**

El perineo es una región anatómica "romboidal" situada en la parte inferior de la pelvis. Normalmente se divide en perineo anorrectal y perineo urogenital.

Tiene la función de sostén de los órganos, participa tanto en la continencia urinaria como fecal y está involucrada principalmente en el placer sexual. También llamado suelo pélvico, el perineo está formado por tres capas musculares:

- diafragma pélvico (capa profunda), compuesto a su vez por: elevador del ano, isquion -coccígeo.
- diafragma urogenital (capa media), compuesto a su vez por: músculos transversos profundos del perineo y músculo esfínter estriado de la uretra;
- plano superficial del perineo (capa superficial), compuesto a su vez por: músculo esfínter externo del ano y el bulbo cavernoso, isquion cavernoso y músculos transversos superficiales.

De todos los mencionados, el músculo más implicado en el placer sexual es sin duda el elevador del ano o pubococcígeo.

Músculo elevador del ano o pubococcígeo: ¿para qué sirve?

Las funciones básicas del elevador del ano son:
- estrechar el orificio anal.
- estrechar el orificio de la vagina.
- participar en el orgasmo femenino.
- contribuir al parto en la mujer.

Kegel -de ahí el nombre de los ejercicios gimnásticos específicos para el suelo pélvico- fue el primero en realizar estudios en profundidad sobre este músculo y en desarrollar toda una serie de técnicas para controlarlo y desarrollarlo.

Ejercicios para el músculo pubococcígeo

Según Kegel, 2 de cada 3 mujeres se quejan de poca sensibilidad vaginal durante el coito.

En muchos casos, este problema es causado o agravado por un pobre anitrofismo del elevador.

Dado que es un músculo, obviamente es posible implementar un programa de entrenamiento específico.

El ejercicio más sencillo para identificar y entrenar al pubococcígeo es detener el flujo de orina durante unos segundos mientras se orina.

Diariamente se pueden realizar 3 series (sets) x 5 repeticiones (rep) de 3 segundos cada una.

También existe una serie de objetos o herramientas que pueden facilitar la localización del elevador del ano y entrenarlo como, por ejemplo, sondas vaginales normales (conos, esferas, etc.) y electrónicas.

Otra técnica utilizada es la de contracciones graduadas. Después de algunas semanas de entrenamiento y sensibilización, puede contraer gradualmente el músculo pubococcígeo durante 5 segundos, mantener la tensión durante otros 5 y luego relajarlo gradualmente.

El progreso de este entrenamiento en la persona sana es generalmente fácil de lograr (1-2 semanas); en caso de deterioro de la función o rehabilitación, puede tardar unos meses.

Beneficios sobre el placer sexual

Entrenar el músculo pubococcígeo con ejercicios de Kengel aumenta el placer sexual.

Aunque se trata de prácticas aún desconocidas para muchos, en virtud de sus potenciales ventajas sobre la sexualidad femenina (y no sólo), sobre todo en Oriente, las mujeres llevan mucho tiempo aprendiendo a conocer y ejercitar un entrenamiento específico para el suelo pélvico.

Los beneficios que se pueden obtener al realizar los ejercicios de Kegel de manera frecuente y sistemática son:

• aumento de la sensibilidad vaginal.
• orgasmo mejorado, que puede volverse más fácil de lograr y, en algunos casos, más intenso.
• aumento del placer de la pareja durante el coito.

Además, un suelo pélvico "en forma" contribuye a:
• facilitar el parto.
• prevenir prolapsos.
• prevenir la incontinencia.

•   Beneficios para el hombre que entrena el suelo pélvico regularmente: Aprende a controlar mejor la eyaculación y, hasta cierto punto, también el orgasmo.

¿Por qué llevarlos a cabo?

Ciertos factores pueden debilitar los músculos pélvicos: los principales culpables son el embarazo, la obesidad, el levantamiento de pesas y la menopausia. El debilitamiento del suelo pélvico puede provocar molestias más o menos importantes, que repercuten negativamente tanto en el ámbito físico como en el sexual.

Practicar constantemente los ejercicios de Kegel puede mejorar el tono y la fuerza del suelo pélvico; para este propósito, la gimnasia de Kegel encuentra aplicación en varios campos:
•   Incontinencia urinaria de esfuerzo
•   Prolapso uterino
•   eyaculación precoz
•   Disfunción eréctil
•   Anorgasmia (incapacidad para alcanzar el orgasmo)
•   Hiperplasia prostática benigna (para tratar el dolor y la inflamación de la próstata)

La técnica

Los ejercicios de Kegel, completamente "discretos", se pueden realizar en cualquier lugar y en cualquier momento del día: sentado, de pie, acostado o mientras se baña.

Para realizarlos necesitas movimientos simples y controlados:

1.	Vaciar la vejiga por completo: realizar ejercicios de Kegel con la vejiga llena puede debilitar el músculo pubococcígeo y causar dificultades posteriores para vaciar completamente la vejiga.
2.	Contrae los músculos del suelo pélvico durante 5-10 segundos.
3.	Libera lentamente los músculos antes mencionados durante el mismo período de tiempo.
4.	No mueva las piernas, los glúteos o los músculos abdominales durante la gimnasia de Kegel.
5.	Repita la serie 10 veces, 2-3 veces a lo largo del día.

Inicialmente, puede ser difícil contraer los músculos pélvicos durante 10 segundos: si es así, se recomienda comenzar gradualmente, primero contrayendo los músculos durante 4-5 segundos y luego aumentar gradualmente el tiempo de contracción hasta 10 segundos.

A algunas personas les cuesta identificar el músculo pubococcígeo: para reconocer e identificar este músculo, es recomendable detener el flujo de orina durante unos segundos mientras se orina.

Por indicación médica, es posible utilizar algunos dispositivos o herramientas, útiles para identificar el músculo pubococcígeo y facilitar su ejercicio. Los dispositivos médicos más utilizados para este fin son las pesas, conos vaginales y muelles específicos.

Se recomienda no someter el músculo pubococcígeo a un ejercicio excesivo tal actitud puede provocar fatiga muscular, hasta el efecto contrario (por ejemplo, pérdida de orina).

Ejercicios de Kegel e incontinencia urinaria

La incontinencia urinaria de esfuerzo no requiere necesariamente tratamientos farmacológicos específicos: en tales situaciones, los ejercicios de Kegel son muy útiles para fortalecer el suelo pélvico y los músculos de la vejiga. Los pacientes que sufren de incontinencia urinaria deben realizar ejercicios de Kegel con la imagen de interrumpir el flujo de orina, contrayendo y liberando el músculo pubococcígeo durante unos segundos. La alternancia de contracción y relajación, repetida varias veces, fortalece tanto el esfínter urinario como los músculos del suelo pélvico, reduciendo las pérdidas urinarias incontroladas.

La gimnasia de Kegel también está indicada como remedio para el prolapso de órganos pélvicos. En mujeres que han tenido un parto natural (vaginal) es posible observar una pérdida considerable del tono de los músculos vaginales, o su relajación excesiva: en circunstancias similares, la gimnasia de Kegel garantiza, en la mayoría de los casos, la recuperación total del tono de los músculos pélvicos.

Ejercicios de Kegel y embarazo

Los ejercicios de Kegel son particularmente efectivos para las mujeres embarazadas, con el fin de "entrenar" el suelo pélvico para el inminente estrés fisiológico al que se verá sometido durante las últimas etapas del parto vaginal.

Las mujeres que practican regularmente los ejercicios de Kegel informan que dan a luz con más facilidad: de hecho, esta simple gimnasia del músculo pubococcígeo ayuda a desarrollar la capacidad de controlar los músculos durante el trabajo de parto y el parto. Además, parece que la gimnasia de Kegel durante el embarazo es una práctica preventiva para las hemorroides.

Ejercicios de Kegel y placer sexual

El efecto de la gimnasia de Kegel en el ámbito sexual es extraordinario: tanto hombres como mujeres pueden obtener una excelente capacidad de control del orgasmo y una mayor conciencia de la funcionalidad de su sistema genital.

Las ventajas de los ejercicios de Kegel en el ámbito sexual son:

• Control de la eyaculación (los ejercicios de Kegel están incluidos en la lista de remedios para la eyaculación precoz): la dominancia del músculo pubococcígeo en el varón permite gestionar los impulsos eyaculatorios, posponiendo el orgasmo.

• Mantener una erección: si se practican regularmente, los ejercicios de Kegel son un remedio eficaz para la disfunción eréctil. Así lo confirma un estudio publicado en una prestigiosa revista científica (Journal of the British Association of Urological Surgeons): los ejercicios destinados a fortalecer los músculos pélvicos ayudan a restaurar la función eréctil en hombres que luchan por lograr/mantener una erección.

• Aumento de la sensibilidad femenina y el placer durante las relaciones sexuales.

• Alcanzar el orgasmo con mayor facilidad (la gimnasia de Kegel es eficaz para la anorgasmia, especialmente la femenina): fortalecer los músculos pélvicos puede promover orgasmos múltiples.

• Amplificación del placer de la pareja durante las relaciones sexuales

En conclusión, el entrenamiento del músculo pubococcígeo es muy útil para fortalecer el suelo pélvico: ejercitándolo diariamente, incluso varias veces al día, es posible obtener resultados concretos en pocas semanas. Algunos pacientes, sin embargo, observan las primeras mejoras en la esfera sexual solo después de 3-4 meses, incluso practicando regularmente los ejercicios de Kegel.

#########